LE

RÉGIME DES SÉPULTURES

POITIERS. — TYPOGRAPHIE OUDIN.

LE
RÉGIME DES SÉPULTURES

SUIVANT LE DERNIER ÉTAT

DE LA DOCTRINE ET DE LA JURISPRUDENCE

AVEC L'EXAMEN CRITIQUE DES NOUVEAUX PROJETS DE LOIS

PAR

HENRI DANIEL-LACOMBE

AVOCAT, DOCTEUR EN DROIT

———— ⸎ ————

PARIS

PEDONE-LAURIEL, ÉDITEUR

13, RUE SOUFFLOT, 13

—

1886

AVANT-PROPOS

La législation française sur les lieux de sépulture ne marque point ceux-ci du caractère essentiellement pri vé qui leur était propre en droit romain. Déjà affaibli au temps des empereurs, ce caractère disparut avec le Christianisme. Le choix de la sépulture n'est plus abandonné au libre arbitre du citoyen : les inhumations se groupent autour des restes des martyrs comme elles s'étaient réunies dans les catacombes pendant le temps des persécutions ; le cimetière s'établit avec sa pensée consolante d'union après la mort entre les frères d'une même religion. Ce nouvel ordre de choses nécessita forcément l'intervention directe de deux agents qui devaient avoir leur influence respective, la puissance ecclésiastique et le pouvoir civil : la première déterminant les règles canoniques à suivre dans une matière qui par tant de côtés se rattache à l'ordre spirituel ; le second assurant, par son contrôle et ses règlements, l'intérêt général de police et de salubrité qui se trouve en jeu.

Il serait intéressant de rechercher comment, avec l'alliance sincère de ces deux agents, le régime des inhumations fut pratiqué dans l'ancien droit. Malgré la lumière qui rejaillirait utilement de cette étude sur celle de la législation actuelle, entre de suite dans la discussion des lois qui nous régissent ; et, obligé de limiter ma tâche, je ne parlerai même pas de la période révolutionnaire. Dès lors il n'y a plus qu'à s'occuper des règles qui sont le domaine désormais exclusif de l'autorité civile. Qu'il soit permis au moins de remarquer que la puissance ecclésiastique se trouve le plus souvent écartée par les dispositions ou le silence des textes, de questions où elle devrait être appelée à remplir un rôle important, et de constater là un regrettable effet de la distinction absolue entre les deux pouvoirs.

La division de ce travail se trouve indiquée par la logique. Il est naturel en effet qu'avant d'aborder l'étude du régime des inhumations, je donne place à celle des funérailles et des importantes questions qui y sont relatives. Quoique séparées, ces deux parties ne sont pourtant pas indépendantes, et il arrivera bien parfois qu'en traitant de la première, je sois amené à supposer connues des notions plus approfondies dans la seconde. C'est le sort de toute œuvre qui tend à l'unité.

La plupart des documents seront fournis par les nombreuses décisions judiciaires qui ont trait à la matière. Je voudrais que mes efforts pussent en dégager un ensemble doctrinal.

PREMIÈRE PARTIE

DES FUNÉRAILLES

CHAPITRE I.

DE LA RÉGLEMENTATION DES FUNÉRAILLES.

1. Principe fondamental : respect de la volonté du mourant.
2. Difficultés d'application.
3. Leurs causes.
4. Loi en préparation sur la liberté des funérailles.
5. Division raisonnée de ce chapitre.
6. Observation préalable.

1. — Chacun a le droit de disposer de sa dépouille mortelle et de réglementer ses funérailles. Voilà le principe universellement reconnu. Il était reçu en droit romain. Dans notre législation actuelle, nous le lisons en tête de toutes les dissertations, dans les motifs de tous les arrêts qui se sont occupés de la matière. « Attendu, dit un jugement du tribunal de Lyon, qu'en règle générale il appartient aux héritiers naturels ou testamentaires qui continuent la personne du défunt, de régler ce qui touche à sa sépulture, mais que cette règle reçoit plusieurs exceptions : d'abord lorsque le *de cujus* a exprimé sa volonté, c'est elle qui avant tout doit être accomplie... » (1). On a cité le mot de Troplong : « La volonté de l'homme, quand elle a été idéalisée par la mort, est une des grandes puissances morales de ce monde » (2). Et un auteur, commentant cette maxime de l'éminent jurisconsulte, ajoute : « Ce sentiment respectueux est, en quelque sorte, inné dans nos cœurs. Voilà pourquoi il est général, pourquoi il s'est fait jour dans tous les temps, dans tous les lieux. Partout et toujours on a considéré comme un rigoureux devoir de se conformer aux désirs légitimes des mourants. Les traditions sur ce point sont unanimes » (3).

C'est ce même principe qui est énoncé dans l'article 3 d'un projet de loi soumis actuellement au Parlement, et dont nous aurons fréquemment occasion de parler au cours de ce chapitre.

2. — Et cependant, si la règle est admise en thèse générale, ses applications immédiates font naître des difficultés considérables, difficultés qui se sont accrues depuis quelque temps d'une manière exceptionnelle.

Les litiges sont des plus variés. Il n'est pas impossible toutefois d'établir entre eux une sorte de classement.

Les uns ont porté sur la question de savoir sous quelle forme la volonté du défunt devait se manifester.

D'autres, en considérant cette forme correcte en apparence, l'ont trouvée néanmoins obscure quant au fond.

Quelques-uns ont eu pour objet le point de décider si la volonté de la famille n'est pas, dans certaines circonstances, supérieure à celle du *de cujus*, ce qui paraît bien être la négation du principe même.

(1) Trib. de Lyon, 29 juillet 1874. Sirey, 82, 2, 119, note 2.
(2) Troplong, Préface du traité des donations et des testaments.
(3) Léon Roux, Le droit en matière de sépulture. 1875, ch. VIII, p. 245.

Enfin, et c'est le cas le plus fréquent, le défunt n'ayant pas exprimé ses volontés, on s'est demandé à qui incombe le droit de disposer de ses restes, ou, pour employer une expression plus brutale mais employée quelquefois : à qui appartient le cadavre ?

3. — Les causes qui donnent à ces luttes un caractère d'acuïté sont multiples. Parfois, il n'y a en réalité qu'un sentiment de vanité de la part de la famille regrettant que le défunt ait manifesté le désir d'être enterré sans pompe, bien que son rang social lui permît de prétendre à plus d'honneurs funèbres. Mais il y a des motifs plus respectables. Le défunt a peut-être désigné pour son inhumation un lieu de sépulture contraire au vœu de ses proches ; il a peut-être ordonné que son corps fût remis à un amphithéâtre de médecine (nous discuterons ce point) pour servir à des expériences anatomiques ; il a pu simplement demander qu'on procédât à l'autopsie de son cadavre avant ses funérailles. Dans certains cas, les parents se sont disputé entre eux la dépouille mortelle ; c'est surtout entre la famille d'origine et le conjoint survivant que ces sortes de procès se sont élevés, chacun voulant avoir près de soi les restes du défunt ou prétendant être seul à régler ses funérailles.

Enfin et surtout les passions politiques et religieuses sont entrées pour une large part dans ce conflit. L'idée de faire accompagner le mort à sa dernière demeure par le ministre de la religion et d'entourer ses obsèques des cérémonies du culte est tellement dans nos mœurs que, pour le plus grand nombre, même les moins suspects de convictions religieuses, l'enterrement civil constitue un scandale qu'il faut absolument éviter.

4. — Il est facile de comprendre, par ce qui précède, combien sont délicates les questions soumises à notre étude. Sont-elles insolubles, comme on l'a prétendu parfois ? Nous ne le croyons pas, et nous espérons le démontrer. On a dit souvent qu'une loi spéciale sur la matière serait indispensable. Il en est une présentement en préparation dans les assemblées législatives, et nous y avons déjà fait allusion. Votée par la Chambre des députés, modifiée par le Sénat, elle est revenue devant la Chambre sous l'appellation de « loi sur la liberté des funérailles », remplaçant celle de « loi sur les enterrements civils et religieux ». Elle a été votée en première et en deuxième délibération, suivant le texte que nous donnons en note (1).

(1) *Journal officiel*, 15 et 18 février, 30 mars 1886 :

ART. 1. — *Toutes les dispositions relatives aux honneurs funèbres seront appliquées quel que soit le caractère des funérailles, civil ou religieux.*

ART. 2. — *Il ne pourra jamais être établi, même par voie d'arrêté des prescriptions particulières applicables aux funérailles en raison de leur caractère religieux ou civil.*

ART. 3. — *Tout majeur ou mineur émancipé en état de tester peut déterminer librement le mode de sa sépulture, opter pour l'inhumation ou l'incinération, léguer tout ou partie de son corps à des établissements d'instruction publique ou à des sociétés savantes, et régler les conditions de ses funérailles, notamment en ce qui concerne le caractère civil ou religieux à leur donner. Il peut charger une ou plusieurs personnes de veiller à l'exécution de ses dispositions. Sa volonté exprimée dans un testament ou dans une déclaration faite soit par-devant notaire, soit sous signature privée en forme testamentaire, a la même force qu'une disposition testamentaire relative aux biens ; elle est soumise aux mêmes règles quant aux conditions de la révocation.*

ART. 4. — *En cas de contestation sur les conditions des funérailles, il est statué dans le jour, sur la citation de la partie la plus diligente, par le juge de paix du lieu de décès, sauf appel devant le président du tribunal civil de l'arrondissement, qui devra statuer dans les*

Nous estimons, quant à nous, qu'avec les principes généraux du droit et avec l'aide de la jurisprudence qui s'est formée peu à peu, on est à même de résoudre les controverses, et qu'il vaudrait mieux, pour légiférer sur cet objet, attendre des temps plus calmes.

5. — Les hésitations des auteurs et celles des tribunaux ont procédé de deux causes : l'influence des considérations de fait, et de fausses analogies. De la première de ces causes nous ne dirons rien, sinon que nous nous efforcerons de rester dans la sphère des principes purs, en nous écartant le plus possible du domaine des applications.

Sur la seconde, il nous faut insister : cela est nécessaire pour établir la division raisonnée de ce chapitre.

On s'est contenté généralement de distinguer deux cas : celui où le défunt a manifesté sa volonté, et celui où il a gardé le silence. Or beaucoup de procès eussent été écartés au sujet de la forme de la manifestation de volonté, au sujet de la capacité du *de cujus,* au sujet du droit supérieur de la famille, si l'on avait discuté une question préalable, à savoir : la qualité des parties en cause. Ce point a toujours été traité sommairement, et, par suite, les opinions les plus opposées se sont produites. Les uns ont soutenu que, dans le cas où le défunt

vingt-quatre heures. La décision est notifiée au maire, qui est chargé d'en assurer l'exécution. Il n'est apporté par la présente loi aucune restriction aux attributions des maires en ce qui concerne les mesures à prendre dans l'intérêt de la salubrité publique.

Art. 5. — *Sera punie des peines portées aux articles 199 et 200 du Code pénal, sauf application de l'article 463 dudit Code, toute personne qui aura donné aux funérailles un caractère contraire à la volonté du défunt ou à la décision judiciaire, lorsque l'acte constatant la volonté du défunt ou la décision du juge lui aura été dûment notifié.*

Art. 6. — *La présente loi est applicable à l'Algérie et aux colonies.*

a déclaré vouloir être enterré civilement, le premier venu pouvait enlever son corps même aux plus proches parents ; d'autres, au contraire, ont été jusqu'à nier le droit de charger quelqu'un de procéder à ce soin.

Pour éviter cet écueil, nous distinguons nettement trois hypothèses :

1° Celle où le défunt, tout en exprimant sa volonté, n'a cependant désigné personne pour en poursuivre l'exécution ;

2° Celle où, ayant déclaré son intention, il a chargé quelqu'un de l'accomplir ;

3° Celle où il n'a rien dit.

6. — Une observation préliminaire est indispensable. Ce serait une erreur de croire que les questions dont nous traitons sont soulevées uniquement à propos du caractère religieux ou civil des funérailles. Sans doute, c'est un point dont se préoccupera habituellement le défunt ; mais souvent il en réglera d'autres dont nous avons déjà parlé plus haut (1). Pour tous ces cas, la solution doit être la même, car la question dépend des mêmes principes et peut toujours se formuler ainsi : La volonté exprimée par le *de cujus* s'impose-t-elle d'une façon absolue ?

C'est ce qui a été reconnu lors de la discussion du projet de loi présenté au Parlement. La Chambre des députés avait, en première lecture, voté la rédaction suivante de l'article 3 : « Tout majeur ou mineur émancipé en état de tester peut régler les conditions de ses funérailles quant au caractère religieux ou civil à leur donner ». Mais le Sénat, avec raison, a modifié ainsi le texte : « Tout majeur ou mineur émancipé en

____

(1) V. suprà, n° 3.

état de tester peut régler les conditions de ses funérailles, *notamment* en ce qui concerne le caractère religieux ou civil à leur donner. »

ARTICLE I.

Le défunt a manifesté sa volonté quant à ses funérailles, mais n'a désigné personne pour la faire exécuter.

7. Système proposé.
8. Réfutation.
9. Solution normale.
10. Exception.

7. — Laissons provisoirement de côté les questions que nous allons bientôt étudier, relatives aux conditions de formes de l'acte par lequel le défunt fait connaître ses intentions, et à la capacité nécessaire chez celui de qui il émane. Supposons cet acte complet. Le *de cujus* a déclaré qu'il voulait être enterré dans un lieu déterminé, ou qu'il désirait que des funérailles purement civiles lui fussent faites. Que se passera-t-il ?

Observons tout d'abord que cette hypothèse se présente dans des conditions bien moins favorables que celle où il y a une désignation de personne. Il semble de toute logique qu'une fin de non-recevoir puisse être, dans le cas présent, opposée à certaines des personnes qui prétendraient accomplir la volonté exprimée par le défunt. Ce point de vue n'a pas été habituellement celui de la jurisprudence, dont l'opinion se trouve résumée de la manière suivante par un auteur (1) qui l'adopte personnellement, du reste : « Le juge n'est lié par aucune

(1) Chareyre, Des inhumations. Paris, 1884, p. 4

règle, sauf celle-ci : qu'il doit partout, avant tout et surtout rechercher la volonté du décédé. Il la trouvera dans son testament, dans ses déclarations, dans ses *actes*, ses écrits, ses *paroles*. Manque-t-il d'éléments de conviction : il consultera la famille, il cherchera quelle personne était en communauté d'idées avec le défunt, à qui il a dû confier ses désirs, à qui il a dû s'en remettre pour régler ses funérailles. » L'auteur va même plus loin que les tribunaux : « La jurisprudence, dit-il, reconnaît le droit d'agir pour faire respecter la volonté du défunt, aux parents du décédé jusqu'au douzième degré, au légataire universel, à l'exécuteur testamentaire. Elle ne l'accorde pas en principe aux amis du décédé, parce que l'amitié fondée sur la sympathie et l'habitude n'est pas un titre de droit aux yeux de la loi. Elle ne le reconnaît pas davantage aux ministres du culte, qui ne peuvent pas prendre l'initiative et ne doivent procéder aux cérémonies de l'enterrement que lorsqu'ils en sont requis régulièrement. Pour nous, nous pensons que l'on pourrait donner à ces deux catégories de personnes le droit d'agir..... »

Ailleurs, le même auteur émet l'avis qu'on pourrait considérer « comme mandataire tacite, indéniable du défunt, à l'effet de régler ses funérailles », un ami et même une concubine.

8. — Il nous est impossible de nous ranger à un pareil système qui conduit à admettre, et on l'a fait, que le premier venu peut intervenir et revendiquer le corps entre les mains de la famille, sous le prétexte que celle-ci ne se conforme pas exactement aux intentions expresses ou tacites du *de cujus*. On dit que le juge exigera du réclamant certaines garanties, et notamment l'assurance qu'il a vécu avec le défunt dans une intimité lui permettant de bien connaître ses intentions. Sans doute, il y aurait là quelque apparence d'utilité s'il s'agissait de pénétrer les intentions en cause ; mais quel rapport cela a-t-il avec le droit d'action ? A ce compte, les intentions étant proclamées au grand jour par acte écrit, qui pourra refuser à un étranger le droit d'intervenir ? Si plusieurs amis se présentent, ayant des avis différents, auquel d'entre eux donnera-t-on la préférence ? Le juge aura-t-il à apprécier leurs degrés d'intimité ? — Au surplus, quoi de plus vague, dans l'espèce, que cette expression d'ami ?

9. — Quant à nous, nous estimons que, dans le cas où le défunt a exprimé sa volonté, mais n'a désigné personne pour la faire exécuter, il s'en est rapporté à celui auquel le droit appartient naturellement, à celui que la loi et les mœurs chargeraient de veiller aux funérailles, si aucune disposition n'avait été faite. Toute autre personne manque de qualité et doit être repoussée par une fin de non-recevoir. La volonté du *de cujus*, dira-t-on, pourra donc rester sans sanction ? C'est vrai ; mais la faute en est uniquement au défunt lui-même qui a négligé ou a jugé inutile d'être plus explicite. Il a peut-être voulu n'adresser qu'une prière à sa famille. Il a fait une disposition imparfaite, que nul n'a le droit de compléter.

10. — Nous admettrions cependant une sanction possible dans le cas où le *de cujus* aurait légué quelque chose à la personne qui se charge de rendre les derniers honneurs à sa dépouille. Si cette personne (le conjoint ou le plus proche parent, suivant les hypothèses) méconnaissait les prescriptions formelles du défunt, nous croyons que les ayants droit pourraient demander la révocation du legs pour cause d'injure grave à la mémoire du testateur, en se fondant sur l'article 1047 du Code civil.

ARTICLE II.

**Le défunt a exprimé sa volonté et désigné la personne chargée
de l'exécuter.**

11. Division.

11. — Nous avons à examiner sous quelles formes doit se
manifester la volonté du défunt, et quelles conditions de
capacité il faut exiger de lui. Nous rechercherons ensuite
la nature du droit dont se trouve investie la personne désignée ; et à cette occasion se présentera l'étude des conflits
qui peuvent s'élever entre elle et la famille. Enfin nous envi-
sagerons la question de la rétractation des volontés précédemment exprimées.

§ I. — *Des formes de la manifestation de volonté.*

12. *A.* Disposition testamentaire.
13. *B.* Disposition prise en dehors de la forme du testament. Sa valeur.
14. Déclaration écrite datée ou non datée.
15. Déclaration ne portant que la signature du défunt.
16. Engagement entraînant aliénation de liberté pour l'avenir.
17. Disposition prise par le défunt pendant sa vie au sujet de la vente de
son cadavre.
18. Déclaration verbale.

12. — *A.* Le défunt peut avoir employé les formes du testament. C'est l'hypothèse la plus simple. Il a chargé un
parent ou un ami d'intervenir et de faire procéder à ses obsèques religieuses ou civiles. On admet universellement qu'il
faut respecter une pareille disposition, qui ne pouvait revêtir
une forme plus solennelle (1).

(1) Roux, op. cit. p. 283.

Ainsi l'a nettement décidé un jugement du tribunal de la Seine (1) : « Attendu, dit-il, qu'il est de principe que le vœu du défunt doit prévaloir et s'imposer à la famille ». Il s'agissait, dans l'espèce, d'un testament olographe.

Il ne peut s'élever de difficultés que sur l'interprétation à donner à la clause testamentaire. La volonté du *de cujus* doit être claire et ne laisser place à aucun doute. On a discuté, par exemple, la question de savoir si la disposition suivante donnait au légataire universel non saisi le droit de faire accomplir des funérailles civiles: « J'institue pour mon exécuteur testamentaire et mon légataire universel mon vieil ami *** qui connaît mes intentions qui sont toujours restées les mêmes ».

Le légataire alléguait que cette clause ne pouvait avoir qu'une signification, que le défunt n'avait pas de biens, qu'il faisait profession de libre-pensée, que le testament ne pouvait avoir d'autre objet que d'investir l'institué du droit de régler le mode des funérailles cet institué puisant son droit dans sa qualité d'exécuteur testamentaire. Le président du tribunal d'Auxerre, tenant compte de ces arguments, décida, par ordonnance de référé, que le légataire pouvait disposer du corps de son ami, malgré l'opposition de la mère. Mais la cour de Paris réforma la décision (2). Ce fut avec raison, suivant nous. Cependant, dans les motifs, les juges, s'appuyant sur une de ces considérations de fait qui, comme nous l'avons remarqué déjà (3), ont souvent faussé les principes, nous paraissent avoir été trop loin quand ils expriment la nécessité d'une disposition précise « d'autant plus nécessaire.... qu'il s'agissait de dépouiller la mère de famille du droit que la nature même lui

---

(1) Trib. de la Seine, 20 juillet 1883. Mondoux c. Vivien. Sirey, 83, 2, 46.
(2) C. de Paris, 19 août 1881. Gallot c. Boulangé. Sirey, 83, 2, 245.
(3) V. suprà, n° 5.

confie de présider aux funérailles de son fils et de s'acquitter envers son cadavre d'un devoir pieux ». Ce motif en effet paraît impliquer que la décision eût été différente, si le légataire se fût trouvé seulement en présence d'un parent éloigné.

Pour nous, l'unique argument dans l'espèce est que rien n'indique dans le testament que la disposition précitée vise le mode des funérailles. La volonté du *de cujus* n'est pas certaine ; on ne peut tenir compte d'une formule aussi vague. S'il avait modifié sa phrase et dit : « J'institue mon ami *** qui connaît mes intentions *au sujet de mes funérailles* », il n'y aurait pas eu à hésiter, quelle que fût la qualité de la personne élevant la réclamation.

Quant à la qualité d'exécuteur testamentaire invoquée, elle n'implique nullement une mission de la nature de celle qu'on prétendait exercer. Ces fonctions se réfèrent à la gestion d'intérêts matériels, non à des intérêts d'ordre moral comme celui-ci, sauf mention spéciale. L'exécuteur testamentaire doit veiller à l'accomplissement du testament et des clauses qui y sont contenues ; or, dans l'espèce, l'existence d'une clause relative aux funérailles était précisément contestée. Ce n'est que dans le cas où le testament eût contenu une clause expresse sur ce point que la mission de l'exécuteur aurait pu s'exercer.

13. — *B*. Supposons maintenant la volonté du défunt manifestée en dehors des formes légales du testament. Restera-t-elle impuissante ?

Oui, répondent les défenseurs d'une première opinion. La loi paraît n'admettre l'expression de cette volonté qu'à la condition de revêtir certains caractères solennels. On ajoute que la faculté de disposer de son corps exige autant de garanties que celle de disposer de ses biens, et qu'elle doit, pour être respectée après la mort, être exercée dans des conditions d'égale certitude. Ainsi, dit-on, une libéralité de dernière volonté ne s'induit jamais des circonstances, si claires qu'elles soient : une intention de donner manifestée oralement et sans écrit n'a pas de valeur en justice. La conclusion est qu'il faut écarter nous eulement le mandat verbal, mais encore le mandat écrit qui ne serait pas donné dans la forme testamentaire (1).

Ce raisonnement n'a pas prévalu, et c'est à bon droit, suivant nous. Le testament est un acte solennel, et, dans notre législation, les actes solennels constituent une exception très limitée. On ne saurait donc en étendre le domaine par voie d'analogie. Or c'est précisément à cela que tendrait le raisonnement que nous critiquons.

Faut-il, en sens inverse, se contenter de penser, comme certains auteurs seraient assez portés à l'admettre, qu'il n'y a aucune règle à poser, et s'en remettre purement et simplement aux lumières du juge, qui aura la faculté de chercher les éléments de sa décision dans toutes sortes de titres? Nous ne le pensons pas. Nous croyons au contraire que ces divers titres, sans avoir tous une valeur égale, doivent faire l'objet d'un examen. Au surplus, nos observations n'ont rien d'absolu, et il appartient toujours au juge de choisir entre eux ceux qui lui paraîtront le plus aptes à former sa conviction.

14. — Si quelqu'un a écrit : « Je veux être enterré civilement, et je charge telle personne d'y tenir la main », nous considérerons la déclaration comme valable, encore qu'elle n'ait pas été datée. Il y aurait toutefois à examiner avec soin si le défunt n'a pas été victime d'une surprise. L'absence de

(1) Roux, op. cit., p. 389.

date peut avoir eu un but frauduleux, notamment de dissimu-
ler la rédaction de l'acte pendant une période d'incapacité (1).
Nous en dirons autant de l'antidate.

Nous admettrions que cette volonté s'imposât alors même
que l'absence de date entraînerait la nullité des dispositions
relatives aux biens. Sans doute, on peut objecter l'indivisibilité
du testament. Mais, en reconnaissant même l'existence de
cette indivisibilité, nous rappelons qu'ici il ne s'agit plus d'une
disposition testamentaire. Cette indivisibilité du testament
est liée intimement à son caractère solennel. L'acte nul
comme testament reste valable en tant qu'il ne constitue
qu'une manifestation de volonté non assujettie à des formes
déterminées.

Nous exigerions cependant que la déclaration fût signée,
non point par quelque analogie avec les règles du Code, mais
parce que, dans nos mœurs, l'écrit non signé n'est considéré
que comme un projet. La signature seule, d'après les idées
reçues, donne une forme définitive à la manifestation de l'intention.

15. — Que décider en présence d'un écrit fait par un autre,
mais signé seulement par le *de cujus*? Que décider particulièrement de la formule imprimée qu'il se serait contenté de
remplir ?

En principe, nous les tiendrons pour valables. Le juge
toutefois devra particulièrement ici se tenir en garde et faire
preuve d'une extrême prudence. Il reçoit l'expression de la
volonté et en assure l'exécution, mais à condition que cette
volonté soit libre. Il aura donc à se montrer sévère si les adversaires viennent alléguer qu'il y a eu extorsion de la signa-

(1) V. infrà, n° 19.

ture, ou une erreur de la part du signataire, ou l'emploi de moyens violents pour obtenir l'adhésion. Sur tout cela nous ne nous écartons pas des principes généraux sur les vices du consentement.

16. — Cela nous amène à nous expliquer sur un acte d'une nature particulière : l'engagement de se faire enterrer suivant telle ou telle forme. Nous n'hésitons pas à déclarer cet engagement radicalement nul. Tout ce qui entrave pour l'avenir l'exercice de la liberté humaine est prohibé par la loi: or celui qui s'engage à se faire inhumer suivant tel ou tel rite engage sa liberté religieuse. Il ne peut pas plus le faire qu'il ne peut s'obliger à toujours professer une religion ou à ne jamais la professer, qu'il ne peut promettre de ne jamais se marier ou de ne se marier qu'avec une personne déterminée. « De même qu'il n'est pas permis à un majeur de dire : Je veux être incapable ; de même il ne lui est pas permis de dire : Je veux cesser d'être libre... Cela est vrai de la liberté religieuse comme de la liberté civile (1). »

L'acte, nul en tant qu'engagement, vaudra-t-il comme manifestation de volonté pure et simple ? Dans ce cas, celui envers qui l'engagement aurait été pris, ne pouvant pas exiger la peine promise, aurait-il du moins le droit d'invoquer la volonté exprimée et de se faire livrer la dépouille mortelle ? Sur ce point, il faut encore répondre négativement. L'acte est nul pour le tout ; il porte en lui un vice originel. La convention signée par le défunt est radicalement nulle faute d'objet.

Nous avons supposé une peine accompagnant cette convention. Ce sera le cas le plus fréquent. La même solution

______

(1) Roux, op. cit. p. 257 et s.

doit être donnée dans l'hypothèse où une promesse de cette nature n'aurait pas été annexée.

Ces mêmes principes seront encore appliqués si le défunt s'est affilié à une société dont les statuts comportent l'adoption d'un mode déterminé de sépulture. Que décider cependant s'il n'a pas cessé d'adhérer jusqu'à sa mort ? S'il a désigné un exécuteur à ses volontés, celui-ci pourra agir, conformément à ce que nous avons établi. S'il n'a désigné personne, nous sommes dans l'hypothèse précédemment examinée, au début de ce chapitre (1).

17. —La vente qu'un homme ferait de son corps à un médecin (et le cas s'est, paraît-il, présenté) n'aurait également aucune valeur. Nous n'admettrions même pas le médecin à répéter la somme qu'il aurait avancée dans ce but. Il y aurait alors *condictio ob turpem causam*. Le corps de l'homme n'est pas dans le commerce. De même qu'il ne peut être assimilé à un de ces biens soumis au droit commun au point de vue du testament, de même il lui échappe en matière de conventions.

18. — Voici maintenant l'hypothèse la plus délicate, sinon en droit, du moins en fait. Le défunt a, devant témoins, déclaré sa volonté et chargé quelqu'un de l'exécuter. En principe, cette manifestation de volonté sera suffisante, la loi ne prescrivant aucune solennité, aucune condition de formes, aucun écrit. On ne pourrait donc point contester à l'exécuteur sa qualité, sous prétexte qu'elle ne lui aurait été conférée que verbalement. Mais c'est bien là le cas où le juge devra se montrer particulièrement défiant, et se rappeler que les témoignages se pèsent plutôt qu'ils ne se comptent.

Il est si vrai que la fraude peut se glisser en ces matières

(1) V. suprà, n° 7.

que le projet de loi actuellement en délibération repousse
cette forme : « La volonté, dit-il, doit être exprimée soit
dans un testament, soit dans un acte testamentaire, soit dans
un acte notarié ». Nous n'avons garde de le critiquer sur ce
point, car cette solution serait une garantie. Il est certain
qu'en somme il vaut mieux laisser d'une manière générale à
la famille le soin de décider. Son affection, le respect du
mort dans la plupart des cas, assureront à celui-ci la sépulture la plus conforme à ses désirs, tandis que l'intrusion
d'une personne, le plus souvent étrangère, s'appuyant sur une
déclaration verbale, pourra paraître singulièrement suspecte.

Quoi qu'il en soit, dans le droit actuel, nous ne pouvons
contester la validité de cette déclaration sans tomber dans
l'arbitraire, estimant qu'en fait le juge ne saurait exiger trop
de garanties de sincérité chez le demandeur et chez les témoins. Nous lui rappellerons cette règle des Institutes de Jus-
tinien à propos de l'institution verbale d'héritier faite par le
militaire : « Si le militaire, ayant convoqué des témoins dans
« le but de manifester sa volonté, a déclaré qui il voulait avoir
« pour héritier et à qui il voulait laisser la liberté, il peut
« de cette façon être réputé avoir testé sans écrit, et sa vo-
« lonté sera tenue pour valable. Mais si, comme il arrive très
« souvent dans les conversations, un militaire a dit : Je te
« fais héritier, ou : Je te laisse mes biens, ceci ne doit pas
« être considéré comme un testament... Autrement, après la
« mort d'un militaire, des témoins s'élèveraient facilement
« pour affirmer qu'ils ont entendu le défunt laisser ses biens
« à telle personne qui leur convient, et ainsi les véritables
« intentions du défunt seraient méconnues » (1).

____

(1) Inst. § 1, de militari testam. II. 11.

§ II. — *De la capacité de celui qui règle ses funérailles.*

19. — L'article 3 du projet de loi dont nous avons parlé exige que le *de cujus* ait la capacité de tester au moment où il dispose de son corps, détermine le mode de ses funérailles et désigne une personne chargée de veiller à l'exécution de sa volonté. Dès lors, il faudrait faire application des articles 903 et suiv. du Code civil. En attendant que ce point soit établi, il convient de rechercher le droit qui nous régit.

La mise en œuvre des principes du droit commun en matière de conventions ne nous paraît pas admissible. Pourquoi préférerait-on, du reste, ces règles à celles du testament, alors surtout que la convention est précisément la forme que la manifestation de la volonté ne pourra jamais affecter ? D'autre part, il serait étrange de soumettre le *de cujus* à des conditions de capacité plus sévères que celles qui ont trait aux dispositions testamentaires. Dira-t-on qu'on appliquera simultanément les règles des conventions et celles du testament ? Ce serait alors tomber dans l'arbitraire.

Suivant nous, ce sera au tribunal d'apprécier souverainement cette capacité d'après les circonstances. Il examinera si le défunt, alors qu'il exprimait sa volonté, avait réellement son libre arbitre, s'il se rendait entièrement compte de ce qu'il faisait, si sa volonté était éclairée et consciente d'elle-même. Ces conditions essentielles étant jugées remplies, tout droit devra être reconnu à celui qui se présente comme l'exécuteur des intentions suprêmes du *de cujus*.

20. — Par application de ces principes, s'il s'agit d'un interdit, on écartera toute réclamation fondée sur l'article 502 C. civ. On ne se préoccupera que de rechercher s'il s'est prononcé dans un intervalle lucide.

S'agit-il d'un mineur ? Sa volonté fera encore loi quand bien même il ne serait pas émancipé ou n'aurait pas atteint l'âge requis pour tester.

Quant à ce dernier, à vrai dire, la question sera souvent délicate. Les circonstances de fait, le développement intellectuel du mineur devront particulièrement être pris en considération. Si le moindre doute s'élève, on ne tiendra pas compte de l'acte. Ne peut-on pas redouter, en effet, qu'il lui soit parfois imposé par la contrainte d'une autorité supérieure ? Nous estimons néanmoins qu'il est un âge où l'enfant devient en quelque sorte majeur au point de vue religieux, et où sa volonté sera suffisamment éclairée , libre et sérieuse, pour exiger, au nom de la liberté de conscience, qu'on respecte ses convictions.

Le projet de loi soumis aux Chambres propose, comme condition de capacité, que le mineur soit émancipé ou puisse faire son testament. Certains auteurs, dans l'état même du droit actuel, fixent à seize ans l'âge où le mineur peut régler ses funérailles. Ils argumentent de ce qu'à partir de ce moment la loi reconnaît le mineur capable d'avoir une volonté, et s'appuient sur son droit de tester. Ce n'est pas parfaitement exact, du moins en ce qui concerne la femme, puisqu'à quinze ans elle peut contracter mariage. On invoque encore la législation pénale, et on déclare que le mineur à partir de seize ans est responsable de ses délits et de ses crimes. Il y a également là une inexactitude. Le législateur, ne voulant pas se prononcer d'une façon absolue, laisse aux juges le soin de rechercher en fait si le mineur de seize ans s'est conduit avec discernement, s'il a eu ou n'a pas eu de volonté. Or, nous ne demandons pas autre chose quand il s'agit de l'action par laquelle l'adolescent a réglementé par avance ses funérailles.

21. — On ne saurait refuser non plus à la femme mariée le droit de disposer de son corps après sa mort. « Le mari, dit un arrèt (1), a le droit de désigner le lieu de sépulture lorsque la volonté de l'épouse est muette sur ce point. » Une autre décision reconnaît que la femme doit, « sauf les cas exceptionnels et sauf aussi le cas où elle aurait manifesté une intention contraire, être inhumée au lieu choisi par l'époux qui lui survit » (2).

Il ne faudrait pas établir cette indépendance de la femme quant au choix de ses funérailles, sur cette raison qu'à son décès elle se trouvera dégagée de tous liens vis-à-vis de son mari. Sans doute alors, la puissance maritale est éteinte ; mais la loi considère encore le mari comme le plus proche parent de sa femme ; et c'est pour cette cause, comme nous le verrons, qu'elle lui abandonne la dépouille mortelle de celle-ci, à l'exclusion de sa famille.

Il n'est pas possible non plus, croyons-nous, d'établir un rapprochement avec les règles du Code civil s'occupant de la dévolution des biens de la femme après sa mort, et d'après lesquelles celle-ci est affranchie, lorsqu'elle fait son testament, de l'autorisation de son mari (art. 225 et 905 C. civ.).

(1) C. de Lyon, 5 avril 1851. Delernoy. D. P. 55. 2. 17.
(2) Tulle, 4 décembre 1850. Trib. de Lille, 12 novembre 1874. D. P. 75. 3. 49.

Alléguer que pouvoir disposer de ses biens en toute liberté est à *fortiori* pouvoir disposer de son corps, le premier des biens, nous semble un argument sans analogie et sans force juridique.

Pour nous, la raison décisive se trouve dans l'article 217 du Code civil. Cet article énumère les cas dans lesquels la femme est soumise à l'autorisation maritale. L'incapacité n'est pas la règle, comme on le dit souvent ; elle n'est que l'exception. En d'autres termes, l'énumération de la loi est limitative ; en dehors des cas que le Code détermine, la femme est libre, et ses actes échappent à la nécessité de l'autorisation. L'article 217 ne lui interdisant pas de régler ses funérailles, elle reste pleinement capable.

22. — Nous ne saurions trop insister sur ce qu'il ne suffit pas d'avoir la capacité de droit, mais qu'il faut encore être capable en fait. De là pour le juge l'obligation d'examiner attentivement si l'on n'a pas abusé de l'état de maladie, de l'âge, de l'inexpérience du défunt pour lui arracher une déclaration. Il statuera souverainement d'après les circonstances, en tenant le plus grand compte des précédents ; et si la volonté dernière est en désaccord avec ceux-ci, il aura à rechercher les motifs de ce changement.

Sur ce point toutefois, il ne faudrait pas aller trop loin. Un homme né dans une religion peut y avoir vécu avec une profonde indifférence. Lorsque, dans sa dernière maladie, il charge une personne de veiller à ce qu'on l'enterre suivant les rites de cette religion, il n'y a rien là qui doive faire naître la suspicion. C'est un fait d'expérience fréquente : on ne peut voir une opposition entre le désir exprimé par cet homme et son passé.

§ III. — *Nature du droit de la personne chargée d'exécuter la volonté du défunt. Conflits avec la famille.*

23. — On a beaucoup discuté pour déterminer la nature du droit de celui à qui le *de cujus* a confié la mission d'accomplir ses dernières volontés quant aux funérailles.

Les uns ont fait de cette personne un mandataire ; mais leur opinion est facile à réfuter. Le mandat en effet est un contrat supposant l'adhésion, c'est-à-dire le concours de deux volontés vers un même but : or ce concours est impossible dans l'espèce, puisqu'au moment où le mandataire exécutera le mandat, le mandant aura cessé d'exister. En outre, le mandat est essentiellement révocable et cesse par la mort du mandant (art. 2003 C. civ.), tandis que dans notre hypothèse, c'est précisément à ce moment que le prétendu mandat devra produire son effet. Bien plus, même en supposant qu'il puisse subsister après le décès, il faudrait au moins admettre que les héritiers auraient le droit de le révoquer ; or il n'a été donné en réalité que contre eux. Le *de cujus* a évidemment désigné un tiers parce qu'il estimait que ses proches, pour un motif ou pour un autre, n'exécuteraient pas ou exécuteraient imparfaitement sa volonté. On ne peut donc faire application des principes qui régissent la théorie du mandat.

24. — D'autres assimilent la personne dont nous nous occupons à un exécuteur testamentaire. Mais alors on voit la conséquence immédiate qu'ils en tirent : c'est que cette personne ne pourra être désignée que par acte dans la forme du testament. Or nous avons repoussé cette solution, et nous n'avons pu admettre des arguments d'analogie où l'analogie n'existe pas.

Pourquoi ne pas reconnaître que nous sommes en présence d'une matière non prévue par le Code et dont nous devons chercher les règles ailleurs ? Le Code en effet n'a pas donné le dernier mot sur toutes les questions, et ce serait une étrange prétention que de vouloir encadrer nécessairement toutes les hypothèses juridiques dans ses théories. La personne désignée par le *de cujus* n'est donc ni le mandataire des articles 1984 et suiv., ni l'exécuteur testamentaire de l'art. 1025. Qu'on dise qu'il y a dans notre espèce un exécuteur testamentaire *sui generis*, un mandataire *sui generis* : il importe peu. Nous avons jusqu'ici préféré le définir : celui auquel le *de cujus* a confié une mission par un acte de volonté souveraine.

25. — Ce point admis, il nous faut parler des conflits qui pourront s'élever entre la personne désignée et la famille. On pourra sans aucun doute contester que la volonté du défunt ait été libre, que la désignation faite soit précise. Il se peut que le *de cujus* ait employé une formule trop vague, donnant droit au premier venu de se présenter. La désignation dont il s'agit suppose un *intuitus personæ*, la mission étant avant tout une mission de confiance. Nous avons dit qu'on pourrait repousser celui qui ne justifierait pas que le but de cette mission est le règlement des funérailles, et nous ne pouvons que rappeler ici ce que nous avons dit plus haut à ce sujet (1).

26. — Un conflit d'une nature particulière s'est présenté. Une personne en mourant a chargé un ami de faire procéder à l'autopsie de son corps. Que ç'ait été dans l'intérêt de la science, par crainte d'être enseveli vivant ou pour tout autre motif, nous n'avons pas à le rechercher. Toujours est-il que les proches parents protestent et refusent de livrer le corps, en arguant du sentiment de piété de famille. Doit-on faire droit à leur réclamation (2)?

Si l'on se fonde sur ce que le défunt avait l'esprit affaibli ou a subi une pression, si le prétendu mandataire n'agit qu'en vertu d'une convention, il n'y aura pas de difficulté : ce sera une question de preuve, et il suffira de rechercher si les allégations des parents sont fondées. Mais si l'on écarte ces hypothèses, la question devient grave et se ramène au point de savoir si la famille a une volonté supérieure à celle du défunt. En pratique, on répond affirmativement pour ce cas spécial, puisqu'on n'autorise l'autopsie que quand les proches parents y consentent, encore que le défunt l'ait ordonnée. Cette décision est en contradiction avec le principe que nous avons précédemment établi et reconnu par tous, à savoir que chacun peut avoir la libre disposition de ses restes : nous ne saurions par conséquent l'admettre.

27. — Un autre conflit s'est produit. Une femme vivant en concubinage exprime en mourant le désir d'être enterrée dans le lieu qu'habite celui qui entretient avec elle des relations

(1) V, suprà, n° 12.
(2) *Journal officiel*, 7 mai 1882, 23 et 15 juin 1883.

illicites, et elle le charge d'exécuter son dernier vœu. Le père
et la mère de la défunte résistent, et aux prétentions de l'exécuteur des volontés de leur fille ils répondent que la clause
du testament est nulle comme immorale à raison des relations
ayant existé entre le demandeur et leur enfant.

Le tribunal de la Seine a donné tort aux parents, et fait
respecter la volonté de la défunte. Suivant lui, le commerce
illicite n'a pas été admis par la loi comme cause de nullité
des dispositions ayant le caractère de libéralité, le législateur ayant voulu éviter les investigations de nature à porter
atteinte à la morale publique et à troubler le repos des
familles. « Le même motif, ajoute-t-il, doit faire repousser
la demande en nullité de toute disposition testamentaire
qui ne constituerait pas une libéralité, alors que le moyen de
nullité est fondé également sur l'allégation d'un commerce
illicite dont il s'agirait de faire la preuve. Enfin il est de principe en cette matière que le vœu du défunt doit prévaloir et
s'imposer à la famille (1). »

L'opinion contraire aboutirait en effet, comme nous l'avons
montré, à la négation du principe que la volonté du défunt
est souveraine. On doit s'étonner cependant de trouver la
jurisprudence si rigoureuse sur cette dernière question, tandis que, pour le cas d'autopsie demandée, elle sacrifie le désir
du *de cujus* à la volonté de la famille.

28. — Quelle sera l'autorité compétente pour statuer sur
ces conflits ? Lors des débats en première lecture du projet de
loi, on a longuement discuté la question de savoir si la connaissance n'en devait pas être attribuée au juge de paix. C'est
l'opinion qui a prévalu au Sénat ; depuis, elle a été successi-

(1) Trib. de la Seine, 20 juillet 1882. Sirey, 83. 2. 46.

vement abandonnée (1), et reprise (2) par la Chambre, à tort suivant nous. Dans l'état actuel du droit, c'est le président du tribunal civil qui prononce en référé à raison de l'urgence. Si la question lui paraît trop délicate, il se contente d'ordonner une inhumation provisoire, se réservant de l'examiner à fond. Au surplus, sa décision est susceptible d'appel.

Cet appel d'ailleurs ne peut point retarder l'inhumation, puisqu'il est de principe, aux termes de l'art. 809 C. proc. civ., que toutes les ordonnances de référé sont exécutoires par provision nonobstant appel. Mais il y a là une garantie laissée à l'exacte appréciation de la volonté du défunt, et aussi une satisfaction donnée à ceux qui ont intérêt à ce qu'il n'y ait pas eu de surprise ou d'erreur dans la décision du premier juge.

C'est l'application du droit commun. Pour nous, rien ne semble motiver en cette matière l'introduction d'une juridiction exceptionnelle et d'une procédure le plus souvent impraticable, comme il arriverait suivant le système qui voudrait donner au juge de paix la connaissance de l'affaire, avec faculté d'appel au président du tribunal dans le délai de 24 heures.

§ IV. — Des rétractations.

29. Révocation expresse.
30. Révocation tacite.
31. Hypothèses de cette révocation.

29. — Il ne suffit pas que la volonté du défunt soit libre, certaine, clairement exprimée ; il faut encore qu'elle soit constante, c'est-à-dire qu'elle ait persisté. Jusqu'à sa dernière

(1) *Journal officiel*, 18 février 1886.
(2) Id., 30 mars.

heure, le défunt était à même de révoquer ses dispositions antérieures.

La révocation peut être expresse. Nous n'avons qu'à renvoyer sur ce point aux développements donnés sur les garanties de forme et de fond que devait présenter la manifestation originelle de volonté.

30. — La révocation tacite nous occupera davantage. Doit-on l'admettre ? de quelles circonstances peut-on l'induire ? Il s'est élevé à cette occasion, entre la Chambre des députés et le Sénat, un désaccord qui est cause de ce que la loi nouvelle n'a pas été votée. Ne parlons présentement que du droit en vigueur.

Les auteurs qui, considérant le corps de l'homme « comme le premier de ses biens », soumettent l'expression des volontés du *de cujus* aux règles du testament, sont obligés par la logique d'adopter les mêmes formes testamentaires pour la révocation expresse. Quant à la révocation tacite, la question pour eux est très embarrassante et devient une impasse (1). Ils doivent se souvenir en effet que le Code n'admet la révocation tacite en matière testamentaire que dans des cas limitativement déterminés, et qui, à raison de leur caractère exceptionnel, doivent être interprétés restrictivement.

Pour nous qui, conformément à la doctrine de nombreux arrêts, pensons que l'on n'est pas obligé d'appliquer toujours et quand même le Code civil à ces questions, nous sommes beaucoup plus à l'aise. Le bon sens, du reste, impose le principe de la révocation tacite. Il est évident, par exemple, qu'une personne qui par acte écrit de sa main a chargé un ami de la faire enterrer dans une ville désignée, et qui postérieurement à cet écrit se fait construire un tombeau ailleurs, opère, par le

---

(1) Roux. op. cit., p. 295

fait même, révocation tacite de sa première disposition. C'est une vérité qui n'a pas besoin de preuve, et point n'est utile, pour l'expliquer, d'invoquer les articles 1035 et suiv. du Code civil, ni les règles du mandat.

31. — Si le principe est tel dans ce cas, pourquoi serait-il autre dans des hypothèses semblables ? Ainsi, on a supposé un individu qui a exprimé la volonté d'être enterré civilement et qui dans la suite, changeant de vie, termine ses jours dans le cloître : produira-t-on la déclaration qui remonte à plusieurs années, et en requerra-t-on l'exécution. sous prétexte qu'il n'y a pas eu de révocation expresse? C'est impossible.

Mais alors pourquoi ces résistances ? Disons-le immédiatement, c'est parce qu'il y a une hypothèse unique, très délicate, fréquente, qui a fourni l'occasion des polémiques les plus violentes dans la presse et des manifestations de la rue. La voici : un homme ayant fait toute sa vie profession de librepensée a écrit qu'il entendait recevoir des obsèques civiles, et a désigné l'exécuteur de cette volonté. Sentant venir sa fin, il appelle le prêtre et meurt dans la communion de l'Eglise. Les derniers actes de sa vie impliquent-ils rétractation de l'acte écrit précédemment? Voilà le cas spécial qu'ont dans la pensée tous ceux qui discutent ces questions de révocation. Allons plus loin : c'est encore celui qu'on a en vue quand on se demande dans quels termes l'acte qui exprime la volonté doit être rédigé. Au fond, on ne tend qu'à résoudre une question : quelle sera la place du prêtre, le jour pes funérailles ? Le projet actuel de la loi sur la liberté des sépultures n'est pas sorti d'une autre préoccupation (1).

---

(1) Les débats soulevés devant le Sénat sont particulièrement intéressants à ce point de vue. La commission, dans le principe, ne déclarait valable que la révocation expresse résultant d'un écrit. C'était ce qu'avait décidé la Chambre

Or nous estimons nous prononcer en toute justice et conformément aux principes déjà exposés, en soutenant que l'homme qui a déclaré vouloir être enterré civilement et qui appelle le prêtre à son lit de mort révoque par là même sa disposition antérieure. Il faudra, bien entendu, que sa volonté soit certaine, que le prêtre soit venu sur sa demande : si celui-ci s'est présenté spontanément ou à la réclamation d'autres personnes, il faudra que le moribond l'ait reçu et ait accepté librement son ministère.

Décider autrement, prétendre que le mourant, seul maître en définitive de sa détermination, devrait, pour effacer la trace de sa manifestation première de volonté, employer les formes testamentaires, serait se heurter le plus souvent à une impossibilité absolue ; ce serait établir, répétons-le, avec les règles qui ont trait à la dévolution des biens, une assimilation sans fondement ; ce serait surtout entraver au premier chef le plus légitime exercice de la liberté humaine, particulièrement respectable à cette heure solennelle.

Sans doute, toutes les hypothèses ne seront pas faciles à résoudre. Il y a souvent, aux derniers instants de la vie, une période d'affaiblissement des facultés intellectuelles qui est le commencement de la mort. Le signe suffisant de la rétractation pourra être malaisé à discerner, tout en pouvant être certain de la part du mourant. Dès lors, ce sera une question

des députés. Devant des réclamations énergiques, cette commission finit par admettre certaines impossibilités de fait. Enfin, sur l'insistance des adversaires du projet, le texte fut modifié dans le sens de la possibilité d'une révocation tacite résultant de circonstances de fait dont l'appréciation était laissée aux juges (Cf. *Journal officiel*, séances des 11 mai, 13 et 15 juin 1883). C'est dans ces conditions que le projet est actuellement revenu devant la Chambre des députés. Celle-ci maintient son système de la nécessité d'une révocation expresse et de l'assimilation absolue aux règles testamentaires : c'est l'objet de l'article 3, qui est en réalité toute la loi. (V. le texte suprà, n° 4.)

de fait à trancher ; mais comment ne pas reconnaître qu'alors le rôle du législateur ne trouve plus son application, et s'ef_ face nécessairement devant celui du juge ? Appelé à se prononcer dans ce grave débat, celui-ci se rappellera qu'il doit rechercher le plus scrupuleusement toutes les circonstances de la cause, peser à leur plus juste valeur tous les témoignages ; et, cet examen accompli, il écoutera sa conscience.

ARTICLE III.

Le défunt n'a laissé aucune disposition expresse.

32. Droit propre de la famille.

32. — Nous avons repoussé l'opinion de ceux qui veulent que l'on recherche encore la volonté du défunt, alors même qu'elle ne se serait pas manifestée dans les formes énoncées par nous plus haut. A plus forte raison devons-nous rejeter cette opinion quand il n'y a pas eu expression de volonté. Reconnaître à la première personne venue le droit de requérir au nom du défunt l'accomplissement de déclarations que celui-ci n'a point faites de son vivant, sous prétexte qu'elle doit être considérée comme son « mandataire tacite » et l'exécutrice « indéniable » de ses intentions, serait livrer arbitrairement la famille à la désorganisation, y supprimer toute hiérarchie, aller contre les mœurs et les convenances qui sont la base indubitable de la législation en cette matière.

Pour nous, la famille a ici un droit propre qui trouve son point de départ dans le besoin que nous éprouvons de reporter sur les restes de ceux qui nous ont été chers une part de l'affection que nous leur avions vouée pendant leur vie. Sans doute, quand ce droit se trouve en conflit avec la volonté du défunt, c'est celle-ci qui doit l'emporter ; mais lorsqu'elle ne s'est pas manifestée d'une façon très nette par un signe extérieur positif, le droit de la famille reste intégral.

Examinons maintenant la question de plus près en partant de l'idée de ce droit propre, et voyons les divers conflits susceptibles de s'élever. On peut les ramener aux types suivants : divergences entre les ascendants du défunt, entre son conjoint et ses ascendants, entre les ascendants et les descendants, entre les ascendants et les collatéraux.

§ I. — *Conflit entre les ascendants du défunt.*

33. Entre deux ascendants de degré différent.
34. Entre le père et la mère.
35. Cas où l'enfant pouvait exprimer sa volonté.

33. — Le *de cujus* était mineur encore en puissance, ou majeur non marié. S'il y a conflit entre deux ascendants de degré différent, le père qui, par exemple, demande que son enfant soit enterré dans telle ville, et l'aïeul qui veut faire venir son cadavre dans telle autre, il ne saurait y avoir aucune difficulté. C'est le père qui doit l'emporter, car lui seul est investi de la puissance paternelle. Cette hypothèse n'a besoin que d'être mentionnée.

34. — Mais le conflit s'est élevé devant les tribunaux entre le père et la mère, le père voulant que l'enfant commun fût enterré civilement, la mère réclamant que l'Église présidât à ses funérailles. Une décision du président du tribunal civil de Douai (1) donna raison à la mère, décision motivée sur ce que les époux s'étaient mariés dans la religion catholique et

____

(1) Trib. de Douai, 6 avril 1875. Orville. D. P. 75. 3. 49.

avaient fait baptiser leur enfant, fondée en outre sur des circonstances de fait particulièrement favorables. Faut-il, au
point de vue juridique, conclure de cette jurisprudence que les
parents partagent le droit de puissance, et qu'en cas de désaccord entre eux le juge prononcera suivant les circonstances ?

Il nous est difficile d'admettre cette opinion. La père
et la mère n'ont pas des droits égaux : l'article 373 du Code
civil le déclare formellement quand, parlant de la puissance
paternelle d'une manière générale, il dit que le père seul
l'exerce pendant le mariage. Dira-t-on que l'enfant étant
mort, cette puissance n'existe plus, et qu'il n'y a plus lieu
d'appliquer l'article en question ? L'argument nous paraît bien
subtil.

Peut-on se fonder, d'autre part, sur cette idée que si le père,
lors du mariage, est expressément convenu que les enfants
seraient élevés dans la religion catholique, la mère a évidemment en conséquence le droit d'exiger pour eux le mode de
sépulture qui fait partie de ce culte, et considérera-t-on
« comme renfermant un engagement tacite le mariage religieux que le mari a accepté, sachant bien les obligations qui
en découlent » (1)? Ce raisonnement ne saurait être établi
dans l'état de notre droit. Les jurisconsultes s'accordent à
soutenir que l'engagement pris par le père au moment du
mariage d'élever ses enfants dans une religion déterminée
est nul en vertu de l'article 1388: « Les époux ne peuvent
déroger aux droits résultant de la puissance maritale sur la
personne de la femme et des enfants ». Il ne peut davantage
abdiquer ces droits pendant le mariage.

Nous croyons cependant qu'il est possible de justifier en

(1) Roux, op. cit. p. 327.

droit la décision susdite par un argument qui ne nous paraît pas avoir été encore invoqué. On remarquera que, dans un certain nombre d'hypothèses, la puissance du mari ou du père ne peut être exercée qu'une fois, et que, lorsqu'elle s'est exercée, elle semble épuisée. Ainsi le mari, par le fait même du mariage, impose sa nationalité à la femme ; mais, une fois marié, s'il change de nationalité, ce changement sera sans influence sur l'état de sa femme, qui conservera la conditon faite par le contrat de mariage et ne suivra celle de son mari que si, elle aussi, se fait naturaliser. De même, si le mari perd la qualité de Français, par exemple en s'établissant à l'étranger sans esprit de retour, tous les auteurs admettent que la femme qui conserve cet esprit demeure Française. La solution est la même pour les enfants. Ils reçoivent leur nationalité au moment de leur conception, et le père, dans la suite, ne peut pas modifier cette condition.

N'en est-il pas de même quand il s'agit de la religion de l'enfant? On conçoit que le père, en vertu de son droit de puissance inaliénable et exclusif, choisisse celle dans laquelle son enfant sera élevé ; mais conçoit-on qu'il use de ce même droit pour lui en imposer le changement ? Lui sera-t-il possible de donner successivement à son fils toutes les religions qu'il lui plaira? Sans doute, les engagements antérieurs peuvent l'obliger au point de vue du for intérieur, au point de vue de l'honneur et de la considération publique, qui fait toujours défaut à celui qui foule aux pieds la parole donnée. Nous admettons même que le manquement à ces engagements puisse, dans certains cas, constituer une injure grave pour la femme et motiver une séparation de corps (1). Mais, au point

---

(1) C. de Lyon, 27 mars 1873. Arrêt mentionné par L. Roux, op. cit. p. 328.

de vue du droit strict, ces engagements paraissent sans valeur.

Une fois donc que le père a exercé le choix en question, tout est fini, suivant nous. Il y a un droit acquis à l'enfant, qui ne peut plus en être dépouillé sans injustice ; dès lors, pour la sauvegarde des intérêts lésés de celui-ci, la mère aura la faculté d'intervenir. Dans l'espèce qui nous occupe, le père avait choisi pour son fils la religion catholique : ce dernier avait donc un droit acquis à être inhumé suivant les rites de cette religion. Il en eût été différemment si l'enfant avait été baptisé clandestinement ou malgré l'opposition paternelle.

35. — Si l'enfant était en âge d'exprimer sa volonté, nous n'inclinerions pas plus en faveur du père qu'en faveur de la mère. La puissance paternelle ne serait plus en cause. Dans cette lutte entre les deux époux, le juge devrait examiner en fait si l'enfant a manifestement répudié sa religion ou s'il en a adopté une autre. Qu'on ne nous accuse pas sur ce point de contradiction avec nos déclarations précédentes ; nous n'adoptons pas pour cela le système qui nie le droit propre de la famille et impose au juge l'obligation de rechercher, à défaut de volonté expresse, la volonté tacite du défunt. Nous maintenons toujours le principe que nous avons posé ; mais en présence de deux personnes ayant, au point de vue de la parenté, des situations identiques, nous sommes contraint de nous fixer un autre élément de solution. Nous donnerons semblable réponse au cas où il y aura compétition entre deux collatéraux au même degré ou entre deux ascendants de branche différente (1).

(1) V. infrà, n° 44.

§ II. — *Conflit entre le conjoint et les ascendants.*

36. — La jurisprudence semble aujourd'hui fixée sur ce point qu'en thèse générale le conjoint doit être préféré à tout autre. Elle a subi cependant, à cet égard, certaines fluctuations qu'il nous faut connaître.

La difficulté fut dès la première fois résolue en faveur du conjoint survivant, par un arrêt de la cour de Lyon du 5 avril 1851 (1). Une consultation, signée de MM. Duvergier, Delangle et Chaix-d'Est-Ange, ne fut pas, paraît-il, sans influence sur la solution donnée. On y faisait valoir avec raison qu'il ne fallait pas chercher dans le texte des lois la réponse à la question posée. C'est une matière que le Code civil n'avait pas besoin de déterminer, parce qu'elle a sa règle dans une loi plus haute, dans la notion naturelle du mariage. Là se trouve consacré le principe que le corps de l'un des conjoints est comme la propriété de l'autre époux, et que, dès l'instant où ils sont unis, une scission s'opère, suivant le précepte évangélique, entre chacun d'eux et leurs familles respectives, de telle sorte que le lien est bien plus étroit d'un côté que de l'autre.

La décision susdite tranchait implicitement le problème en faveur du mari, puisqu'elle repoussait sa demande en se fon-

(1) C. de Lyon, 5 avril 1851. Delermoy c. Bertholon. D. P. 55. 2. 17.

dant uniquement sur une fin de non-recevoir tirée de ce qu'il avait renoncé, depuis la mort de sa femme, à se prévaloir de ses droits.

L'année suivante, la cour de Limoges statuait aussi dans le même sens. « Toutes les convenances sont d'accord, disait-elle, pour que les cendres de l'épouse reposent à côté de son mari (1). »

Enfin, quelques semaines auparavant, le tribunal de la Seine décidait que le père de la défunte, en faisant exhumer à l'insu de son gendre les restes de sa fille, avait « méconnu le droit prépondérant du mari sur la dépouille de l'épouse et par là manqué essentiellement à ses devoirs comme père » (2).

Il semble que ces trois décisions rendues presque simultanément auraient dû mettre un terme au conflit entre le conjoint et les ascendants. Ceux-ci continuèrent cependant leurs réclamations, et jusqu'en 1865 tous les arrêts, quoi qu'on en ait dit, furent fidèles à confirmer le droit de l'époux (3).

Le jugement du tribunal de la Seine du 4 août 1858 est rendu dans ce sens (4), ainsi qu'un arrêt de la cour de Paris du 27 juin 1862 infirmant une décision du tribunal de Provins, et rédigé en termes fort énergiques, dans une espèce où ce-

---

(1) C. de Limoges, 7 mars 1852. Lizet-Puex. c. Marbot. D. P. 55. 2. 17.

(2) Trib. de la Seine, 1er janvier 1852. Appert c. Legras. D. P. 55. 5. 410. — Ce jugement ordonnait toutefois, dans l'espèce, le maintien du *statu quo*, pour la raison que le nouvel emplacement où le père avait fait inhumer sa fille n'était éloigné que de quelques mètres du lieu de l'ancienne sépulture, etc... Cette circonstance de fait ne fait pas échec à notre théorie générale, admise par le tribunal sous cette réserve tout exceptionnelle.

(3) Ainsi, l'arrêt de la cour de Paris du 3 août 1858, approuvant un jugement du tribunal de la Seine du 3 avril 1857 et cité comme contraire à la théorie, statue dans un conflit entre le conjoint et les enfants d'un premier lit du prédécédé, et non sur un litige entre le conjoint et les ascendants.

(4) Trib. de la Seine, 4 août 1858. Kiggen c. Lusson. Sirey, 59. 2. 165.

pendant les circonstances de fait étaient en faveur des ascendants (1).

Mentionnons encore un arrêt de la cour de Grenoble du 9 juin 1862, statuant dans le cas particulier où c'est une veuve qui réclame les restes de son époux, tandis que, dans les espèces précédentes, c'est le mari qui agit (2). Enregistrons enfin un jugement du tribunal de la Seine du 17 mars 1866 (3).

37. — Il faut arriver à un arrêt de la cour de Bastia du 17 juillet 1865 pour trouver une décision en sens contraire de toutes celles rendues jusqu'à ce jour (4).

Cet arrêt longuement motivé considère la mère comme préférable au mari, parce que, dans le sentiment général de tous les peuples et de tous les siècles, l'amour conjugal, quelle que puisse être sa vivacité, ne peut se comparer à la tendresse maternelle, surtout après que l'objet de cette double affection a cessé de vivre. La mort de l'un des conjoints, dit-il, mettant fin au mariage, supprime les droits et obligations qui en découlent. Tout lien étant rompu entre les époux, ce qui a appartenu à la femme retourne à sa propre famille si elle n'a pas fait de dispositions contraires. Par cela seul que le mari doit restituer ce qui était la propriété de son épouse, il n'a pas le droit de garder sa dépouille mortelle, car il est naturel que le corps aille où va la fortune. La loi, ajoute l'arrêt, en n'appelant le mari à la succession qu'après les héritiers du douzième degré, a bien montré le cas qu'elle fait de la parenté après la mort du conjoint. En outre, l'obligation de payer les funérailles emporte le droit d'y présider, et par suite

<hr>

(1) C. de Paris, 27 juin 1862. Vignier. Sirey, 62. 2. 413.
(2) C. de Grenoble, 9 juin 1862. Givord. D. P. 63. 5. 343.
(3) Trib. de la Seine, 17 mars 1866. Gazette des tribunaux, 21 mars 1866.
(4) C. de Bastia, 17 juillet 1835. Blasini c. Mattei. D. P. 66. 2. 177.

de déterminer le mode et le lieu de l'inhumation, et il y aurait inconséquence à ce que l'héritier fît les frais d'une sépulture qui serait accomplie contrairement à ses désirs. Enfin, la cour estimait que si le titre seul de conjoint survivant donnait au mari le droit de disposer des restes de sa femme, à cause de l'attachement présumé entre les deux époux, il faudrait par la même raison accorder le droit semblable à la femme par rapport aux cendres du mari, malgré les réclamations du père et de la mère, ce qu'on n'a pas osé soutenir.

Relevons de suite ce dernier argument. En droit, nous ne voyons pas pourquoi la femme survivante ne serait pas traitée comme le mari, puisque nous raisonnons d'après l'affection réciproque des époux. En fait, cette égalité a parfaitement été soutenue : nous avons en effet observé plus haut que l'arrêt de la cour de Grenoble du 9 juin 1862 statuait dans une espèce où c'était la femme qui avait survécu.

Il faut aussi faire justice de cette étrange allégation qui consiste à dire que l'affection des deux conjoints l'un pour l'autre n'est pas comparable à celle de la mère pour la fille. Qui ne voit qu'il y a là une assertion mal fondée ? La cour de Bastia, du reste, nous paraît avoir renversé la proposition logique. Ce n'est pas l'attachement de la mère pour la fille qu'il fallait mettre en regard de l'amour conjugal, mais bien celui de la fille pour la mère. Ce qu'il convenait en somme de rechercher, c'était à qui, de ses parents ou de son mari, la femme est le plus étroitement unie. Poser la question dans ces termes eût été évidemment la résoudre.

Quant à l'argument tiré de ce que la question des funérailles est avant tout une question de succession, et de ce que le droit de les réglementer résulte de l'obligation d'en acquitter les frais, nous répondrons que cette considération ne doit venir qu'en seconde ligne. Les règles de transmission de succession *ab intestat* doivent être ici écartées. Si le législateur n'appelle le conjoint qu'après les héritiers du douzième degré, ce n'est pas parce qu'il présume moins d'affection chez le *de cujus* pour son époux que pour des successibles aussi éloignés. On sait que c'est par suite d'un malentendu dont nous n'avons pas à faire l'historique, que la loi n'a pas appelé le conjoint à la succession. De ce qu'elle voulait lui faire une situation à part, et a ensuite omis de la régler, il ne s'ensuit pas qu'elle ait voulu l'exclure.

Les autres différentes raisons invoquées par l'arrêt qui nous occupe ont été suffisamment réfutées par les décisions que les cours d'appel ont été à même de rendre dans la suite. « Quelque respectable que puisse être le droit de la mère, di-
« sait, peu d'années plus tard, la cour de Nancy (1), il se trouve
« primé, dans l'état de nos mœurs, par celui du mari. On ne
« comprendrait pas que le lien qui unit les époux pendant
« leur vie, perdît au décès toute sa puissance pour rendre en
« quelque sorte étrangers l'un à l'autre ceux que la nature,
« la religion et la loi avaient étroitement unis. En consentant
« au mariage de sa fille, la mère abdique ses droits person-
« nels au profit de son gendre. D'un autre côté, en acceptant
« ou en choisissant celui qui va devenir son époux, la fille ne
« s'oblige pas seulement à l'aimer plus que sa mère, à l'hono-
« rer, sinon comme un maître, du moins comme un protecteur,
« comme un appui, comme un guide, et à l'aider toujours
« dans la mesure de ses ressources, de ses aptitudes, de ses
« forces ; elle s'oblige encore à n'avoir plus d'autre domicile
« que le sien ; et cette obligation de se rendre partout où il

(1) C. de Nancy, 14 août 1869. Bétrilly c. Bazoche. D. P. 69. 2. 233.

« voudra se rendre implique l'idée nécessaire qu'il reste le
« maître de déterminer le lieu de sa sépulture, puisque le
« lieu de la sépulture est ordinairement le lieu du décès, et
« le lieu du décès celui du domicile du mari. »

L'arrêt de la cour de Bastia est demeuré isolé. La jurisprudence s'est définitivement prononcée dans le sens que nous
avons exposé, et sur ce point nous pouvons conclure, suivant
les termes d'un récent jugement (1), « qu'en l'absence d'une
manifestation expresse, on présume l'époux survivant...
avoir été le confident de son conjoint et le dépositaire de ses
dernières volontés. »

38. — Une explication est ici nécessaire. On dit souvent
que la jurisprudence, tout en proclamant le droit en question,
reconnaît aux tribunaux, en cas de conflit entre le conjoint et
les ascendants ou héritiers du défunt, un pouvoir souverain
d'appréciation. La formule, énoncée en ces termes généraux,
serait inexacte et contradictoire. Il faut la ramener à sa véritable portée qui se résume de la manière suivante : Le conjoint
a le droit de disposer de la dépouille mortelle du prédécédé à
l'exclusion des ascendants ; mais il peut y renoncer expressément ou tacitement. Dans ce dernier cas, c'est aux tribunaux d'apprécier les circonstances de fait d'où l'on peut induire la renonciation.

Ainsi, dans l'arrêt du 5 avril 1851 que nous avons cité, la
cour de Lyon concluait que le paiement par le mari des frais
de la première sépulture était « la preuve de l'assentiment
de celui-ci à ce qui fut fait alors ».

De même, l'arrêt de la cour de Limoges du 7 mars 1852,

---

(1) Trib. d'Amiens, 17 novembre 1881. Milly c. Daigny. Sirey, 82. 2. 118 ;
et C. de Paris, 19 août 1881. Sirey, 83. 2. 245.

repoussant, dans une espèce analogue à la précédente, la demande d'exhumation faite par le mari, établit qu'il résulte des renseignements produits par lui que c'est de son plein consentement que son épouse a été enterrée à tel endroit, « sans qu'alors rien n'atteste que ce fût à titre provisoire dans sa volonté ».

Les autres décisions de la jurisprudence rendues dans des hypothèses semblables statuent dans les mêmes conditions. Partout où la demande du conjoint est écartée, les tribunaux invoquent une renonciation.

39. — Il est cependant un arrêt de la cour de Grenoble admettant une fin de non-recevoir nouvelle et que nous ne pouvons qu'approuver (1). Dans l'espèce, la veuve, après avoir fait inhumer son mari dans le terrain où elle voulait être enterrée elle-même, s'était remariée, et la famille du défunt revendiquait ses restes. La cour considéra que le second mariage de la veuve, dans les circonstances où il s'était accompli, avait été l'abdication de ses droits d'épouse sur la dépouille mortelle de son premier époux.

40. — Faut-il en dire autant du cas où les conjoints étaient séparés de corps ? Nous croyons qu'alors le droit de l'époux survivant s'inclinera devant celui des ascendants. Le jugement de séparation a mis fin à la vie commune ; il a assigné à la femme un domicile distinct ; il a fait cesser l'intimité réciproque, base du droit que nous avons établi. On doit évidemment en dire autant dans l'hypothèse du divorce. Il n'est plus possible alors de supposer, d'après l'expression citée plus haut, que le survivant a été le confident du prédécédé et le dépositaire de ses dernières volontés.

(1) C. de Grenoble, 9 juin 1862, D. P. 63. 5. 343.

§ III. — *Conflit entre le conjoint et les descendants, entre les ascendants et les descendants, entre les ascendants et les collatéraux, entre les collatéraux.*

41. Entre le conjoint et les descendants.
42. Entre les ascendants et les descendants, les ascendants et les collatéraux.
43. Entre les collatéraux.
44. Hypothèse du concours de personnes ayant les mêmes droits.
45. Hypothèse d'un légataire universel.

41. — Les mêmes raisons qui nous ont décidé à préférer le conjoint aux ascendants du défunt, nous déterminent à le faire passer avant ses descendants. La situation de l'époux survivant, en droit et en fait, ne se trouve pas modifiée ; il a toujours en sa faveur la vie commune avec les droits qu'elle entraîne, et cette présomption qu'il a été le plus intime confident du *de cujus*. Cette manière de voir a été consacrée par un jugement du tribunal d'Amiens du 17 décembre 1881 (1).

Nous ne saurions donc approuver une décision confirmée par la cour de Paris, qui considère les descendants et le conjoint comme ayant un droit égal qu'il appartient aux tribunaux de régler en fait, au cas de conflit (2). Le litige se présentait entre le second mari et le gendre d'une femme décédée, et fut tranché suivant la réclamation de ce dernier. On invoquait bien certaines circonstances de fait, desquelles il semblait résulter que la défunte avait institué son gendre légataire universel, et avait pris avec lui diverses mesures impliquant de sa part une mission tacite qu'elle lui confiait

(1) Trib. d'Amiens, 17 décembre 1881. Sirey, 82. 2. 118.
(2) Trib. de la Seine, 3 avril 1857. Dagincourt c. Proche. D. P. 58. 3. 54 ; et C. de Paris, 23 août 1858. D. P. 58. 5. 330.

au sujet de sa sépulture. Nous doutons cependant que ces circonstances fussent suffisantes pour faire échec au droit du mari, et surtout permissent de proclamer un principe en opposition absolue avec la théorie que nous soutenons.

42. — Quand le conflit s'élève entre ascendant et descendant, nous pensons encore, avec le jugement du tribunal d'Amiens, que les ascendants doivent avoir la direction des funérailles. Dans la pratique, l'hypothèse sera rare, car presque toujours les enfants prendront eux-mêmes le soin pieux de la sépulture de leurs parents. Mais si le conflit vient à naître, nous croyons juste de nous prononcer en faveur des ascendants. Il y a d'abord une raison de déférence : au point de vue des convenances et des mœurs, ils sont toujours les chefs de la famille. Il y a aussi de leur côté cette présomption morale, dont le législateur s'est souvent inspiré, que l'affection descend plutôt qu'elle ne remonte.

Certains auteurs estiment que l'on doit suivre la loi de succession (1). D'après eux, entre ascendants et descendants, la volonté de ces derniers devrait donc l'emporter ; entre ascendants privilégiés et frères et sœurs, les tribunaux interviendraient pour décider la question selon les circonstances de fait. Nous ne saurions admettre cette opinion qui s'inspire de l'idée fausse, suivant nous, qu'il faut transporter ici l'ordre successoral. Ce système, nous l'avons vu, ne conduit à rien moins qu'à rejeter le conjoint après l'héritier du douzième degré. Nous persistons donc à donner le pas aux ascendants sur tous descendants et collatéraux, privilégiés ou non.

43. — Enfin, si le conflit se produit entre collatéraux, nous

(1) Roux, op. cit., p. 333.

donnerons la préférence au plus proche en degré, non point peut-être parce que tel est l'ordre successoral, mais par application de l'idée plus haute qui a inspiré cet ordre. Nous voulons parler de l'affection qui est présumée aller en s'affaiblissant en raison de l'éloignement de la parenté. Cette solution est conforme au jugement du tribunal d'Amiens du 17 décembre 1881, et à un autre jugement du tribunal de Lyon du 29 juillet 1874 (1).

44. — Il nous reste, pour en finir avec cet ordre d'idées, à examiner deux hypothèses :

En premier lieu, il se peut qu'il y ait plusieurs personnes ayant des droits égaux et qui ne s'accordent pas. Nous avons vu que le père et la mère se sont trouvés en contradiction ; le même fait peut se présenter entre deux ascendants appartenant à des lignes différentes, ou entre deux enfants, ou encore entre deux collatéraux du même degré. Que faudra-t-il décider ?

A notre avis, il n'y aura qu'à étendre la solution donnée à propos du conflit entre le père et la mère. Les tribunaux interviendront et trancheront la question en fait. Ils s'inspireront des habitudes du défunt, de ses actes, et rechercheront le mode de sépulture le plus conforme à ces précédents. Ce cas est le seul où nous donnons au juge un droit d'appréciation que certains auteurs lui accordent avec plus de facilité.

45. — En second lieu, attribuerons-nous un droit au légataire universel ? Nous nous sommes prononcé plus haut dans un cas où le conflit s'élevait entre un légataire et la mère du *de cujus* (2). Nous avons approuvé la décision qui donnait

(1) Trib. de Lyon. 29 juillet 1874, cité par L. Roux, p. 350.
(2) V. suprà, n° 12. — C. de Paris, 19 août 1881. Sirey, 83. 2. 245.

raison à la mère, en se fondant sur ce que le testament ne précisait pas suffisamment le rôle du légataire au point de vue des funérailles. Généralisons maintenant la question. De deux choses l'une : ou il y a mission expresse donnée au légataire, et cette disposition, si elle n'a pas été révoquée expressément ou tacitement, écarte les parents les plus rapprochés ; ou il n'y a pas de disposition semblable, et dans tous les cas le légataire universel doit se retirer devant tous les autres ayants droit, quelque éloignés qu'ils soient (1).

(1) Trib. de Reims, 20 juillet 1883. Pierlot c. Laurent. Sirey, 84. 2. 87.

CHAPITRE II.

DES FORMALITÉS ET CÉRÉMONIES QUI ACCOMPAGNENT LES FUNÉRAILLES.

ARTICLE I.

Formalités préliminaires.

46. Division.

46. — Les textes qui régissent la matière dont nous avons à nous occuper imposent des obligations, d'une part à la personne qui procède aux funérailles du défunt, et d'autre part à l'officier de l'état civil. Nous les examinerons successivement.

§ I. — *Obligations imposées à celui qui procède aux funérailles.*

A. — DE LA DÉCLARATION DE DÉCÈS.

47. Différences avec la déclaration de naissance.
48. De l'acte de décès.
49. Hypothèse de l'enfant mort-né. Controverse.

47. — La première formalité dont la loi requiert l'accom_plissement après le décès d'une personne est la déclaration qui doit en être faite à l'officier de l'état civil (art. 78 Code civ.). Le Code établit un lien étroit entre l'observation de cette injonction et la délivrance du permis sans lequel toute inhumation est impossible. Il en résulte, avec les déclarations de naissance, un certain nombre de différences qu'il nous faut signaler.

1° Quand il s'agit du décès, la loi ne dit pas à quelles personnes la déclaration s'impose. Ces personnes sont en effet celles qui se chargent des soins de la sépulture, c'est-à-dire celles qui, pour remplir leur mission, ont besoin de l'autorisation d'inhumer.

2° Il n'y a pas de sanction pour le défaut de déclaration du décès dans un délai déterminé, tandis que l'article 55 du Code civil enjoint de faire inscrire la naissance dans les trois jours qui la suivent. Ce point est d'autant plus à remarquer que ce délai de trois jours était celui prescrit par la loi du 19 décembre 1792, sous peine de deux mois de prison. La raison de la différence est que le permis d'inhumer délivré par le maire implique déclaration préalable du décès : or, comme le cadavre ne peut être conservé que pendant un laps de temps très restreint, on est sûr que la déclaration ne subira généralement pas de retard.

3° Enfin, la loi exige pour la naissance un déclarant et deux témoins ; pour le décès, deux témoins suffisent. L'article 78 émet seulement le vœu qu'ils soient les proches parents ou voisins du défunt, et que si celui-ci est mort hors de son domicile, l'un d'eux soit la personne chez laquelle il est décédé. Ces personnes sont celles qui peuvent donner les renseignements les plus précis sur l'individualité du défunt ; la loi les qualifie de témoins, mais il nous semble que ce ne sont réellement que des déclarants, et qu'on ne doit pas réclamer d'eux les conditions exigées des témoins dans les actes de l'état civil (1).

48. — Nous n'avons pas à entrer dans les détails relatifs à

______

(1) Aubry et Rau, Droit civil, 4e édit. t. 1, p. 205. Contra : Demolombe, Code civil, t. I, p. 478.

4

la rédaction de l'acte de décès, qui doit énoncer tout ce qui est requis par les règles générales sur cet objet. (Art. 79 C. civ.) Nous n'examinerons pas notamment la controverse sur le point de savoir si mention doit être faite de l'heure de la mort, mention que la loi n'a pas rendue obligatoire à dessein, mais qu'elle n'a pas interdite absolument, croyons-nous, et qui, consignée, peut fournir des éléments de preuve importants. En principe, l'officier d'état civil doit rédiger l'acte immédiatement et avant de délivrer le permis d'inhumer. On s'est demandé si, au cas où cet ordre n'aurait pas été observé, il ne serait pas nécessaire de recourir aux tribunaux pour être autorisé à faire l'inscription de l'acte. Suivant une opinion, on ne pourrait procéder alors que par voie de rectification (1).

49. — Un décret du 4 juillet 1806 prévoit le cas où il s'agit d'un enfant mort-né. Dans cette hypothèse, dit-il, « le cadavre dont la naissance n'a pas été enregistrée, sera présenté à l'officier de l'état civil. Celui-ci n'exprimera pas qu'un tel enfant est décédé, mais seulement qu'il lui a été présenté sans vie. Il recevra de plus la déclaration des témoins touchant les noms, prénoms, qualités et demeures des père et mère de l'enfant, et la désignation des an, jour et heure auxquels l'enfant est sorti du sein de sa mère. Cet acte sera inscrit à sa date sur les registres de décès, sans qu'il en résulte aucun préjugé sur la question de savoir si l'enfant a eu vie ou non ».

Le cas ne soulève pas de difficultés lorsque l'enfant mort-né est cependant venu à terme. Les auteurs et la jurisprudence sont d'accord pour décider que la déclaration devra

______

(1) Aubry et Rau, t. I, § 61, p. 205. — Trib. de Bourgoin, 7 juillet 1883. Revue générale d'administration, 1883, t. III, p. 79.

être faite, et qu'il sera nécessaire de prendre l'autorisation du maire pour procéder à l'inhumation. Mais que résoudre quand l'enfant est né avant terme, et comment déterminer exactement le point où commence l'obligation d'accomplir les formalités dont nous parlons?

Suivant une première opinion, émise par les cours de Grenoble et de Metz (1), et par celle de Paris en 1865 (2), l'enfant mort-né, « à quelque époque que la gestation soit parvenue, pourvu qu'il ait les formes d'un être humain organisé », devra être présenté à l'officier de l'état civil, qui sera seul juge de la question de savoir s'il y a lieu d'appliquer les prescriptions légales. Deux arrêts de 1868 se prononcent dans le même sens (3); et, à propos de l'un d'eux, le ministère public résumait son avis de la manière suivante : « La distinction entre l'embryon inorganisé et le fœtus est la seule admissible; et vouloir distinguer entre les diverses phases de formation de celui-ci serait réduire la loi à l'impuissance ». Notons encore deux décisions, l'une d'Amiens le 20 décembre 1873 (4), l'autre d'Agen le 6 août 1874 (5), qui donnent la même solution, en s'appuyant, comme dans les espèces précédentes, sur le fait que l'enfant était formé dans ses organes essentiels.

Le défaut capital du système consacré par les arrêts que nous venons de citer consiste en ce qu'il ne fournit pas de règle précise. Aussi a-t-on cherché un autre criterium : on

<hr>

(1) C. de Grenoble, 22 janvier 1844. Muret et Courbassier. D. A. Actes de l'état civil, nº 510. — C. de Metz, 24 août 1854. Fuss. D. P. 54. 5. 431.

(2) C. de Paris, 15 février 1865. Deranger. D. P. 65. 2. 138.

(3) C. de Chambéry, 29 février 1868. Charlety. D. P. 71. 2. 54.— C. de Dijon. 16 décembre 1868. Bellemand. D. P. 69. 2. 35.

(4) C. d'Amiens, 20 décembre 1873. Caron. D. P. 74. 5. 175.

(5) C. d'Agen, 6 août 1874, Dardenne. D. P. 75. 5. 176.

a dit qu'il faut examiner la viabilité de l'enfant, et particulièrement cette viabilité au point de vue de la grossesse. La thèse paraît avoir été soutenue pour la première fois, le 10 février 1870, par la cour de Grenoble, lorsqu'elle déclara « qu'on ne saurait donner la qualification légale d'enfant à un fœtus ou embryon de cinq ou six mois qui n'aurait pu vivre de la vie extra-utérine » (1).

Enfin, le 7 août 1874, la cour de cassation, jetant un nouvel élément de solution dans la cause, décidait que l'enfant ne pouvait être réputé viable que s'il comptait au moins 180 jours de gestation (2). On a vivement protesté, dans la doctrine, contre cette application extensive des articles 312 et suiv. du Code civil, articles consacrant des présomptions qui, a-t-on dit, doivent être restreintes aux cas visés par la loi, c'est-à-dire à ceux où il s'agit de prouver une filiation légitime. Procéder autrement, c'est faire acte de droit prétorien. Nous n'admettons pas, quant à nous, cette critique, et elle ne nous ferait pas hésiter à accepter le système de la cour suprême. La présomption de l'article 312, en effet, nous paraît avoir un caractère général qui la différencie du commun des présomptions, et permet de l'appliquer à d'autres hypothèses que celle de la preuve de filiation légitime. Sous la plume des rédacteurs, elle a été énoncée à propos de la première application qu'ils avaient à en faire; mais dans leur pensée elle domine le Code tout entier. Leur but était de trancher, une fois pour toutes, des difficultés d'appréciation fréquentes dans la pratique, et sources de procès presque toujours scandaleux. Or les débats ne sont pas moins délicats s'ils ont pour objet de calculer la durée de la gestation pour une question

(1) C. de Grenoble, 10 février 1870. Meneyrou. D. P. 71. 2. 35.
(2) C. de cassation, 7 août, 1874. Bohard. D. P. 75. 1. 8.

d'application de l'article 358 du Code pénal, ce qui est notre cas.

Mais une autre considération nous fait combattre la théorie de la cour de cassation. Lorsqu'il s'agit d'une question de filiation, on a un point de départ certain pour le calcul des délais de l'article 312 du Code civil : c'est le mariage des époux. De même quand il faut rechercher, en matière d'attribution de succession, si le *de cujus* et le successible posthume se sont rencontrés dans la vie, le point de départ est la mort du *de cujus*. Mais, dans l'hypothèse qui nous occupe, ce point initial manque absolument. Pour que la présomption pût servir d'élément de décision, il faudrait connaître l'époque précise de la conception, ce qui est impossible. Nous écarterons donc l'application faite par la cour de cassation, et nous nous en tiendrons au principe, admis du reste par elle, de l'arrêt de la cour de Grenoble du 10 février 1870. La viabilité de l'enfant venu avant terme sera donc le criterium suivant lequel il y aura lieu ou non à faire la déclaration de décès et à demander le permis d'inhumer (1).

Un mot encore au sujet de l'hypothèse qui vient de nous occuper. La mère est dispensée par la loi de déclarer la naissance de son enfant ; mais elle ne l'est point d'en faire connaître le décès et de se munir de l'autorisation d'inhumer. Nous estimons toutefois que lorsqu'il s'agit d'un enfant mort-né, la dispense trouve ici son application. Suivant la cour de cassation, la loi, en n'exigeant pas de la mère l'obligation de déclarer la naissance, a pris une disposition « qu'explique pleinement l'état de la mère, à l'égard de laquelle une pareille

----

(1) En ce sens, Boitard, Code pénal, n° 460. — Morin, Répertoire d'instruction criminelle, v° Accouchement, n° 2. — Faustin-Hélie, Théorie du Code pénal 5° édit., t. IV, n° 1762, p. 474.

injonction blesserait les ménagements que réclame la gravité de sa situation » (1). Ces motifs se retrouvent évidemment dans le cas de l'enfant mort-né. Si les tribunaux ne se sont pas directement prononcés sur ce point, la cour suprême a rendu une décision qui concorde avec notre opinion, et suivant laquelle « l'article 346 du Code pénal, qui punit le défaut de déclaration de naissance de la part de toute personne ayant assisté à l'accouchement, est applicable au cas où l'enfant était mort-né » (2).

Expliquons-nous maintenant d'une manière directe sur la question du permis d'inhumer, que plusieurs fois déjà nous avons dû joindre à celle de la déclaration de décès, ces deux formalités étant, comme nous l'avons dit, liées d'une étroite connexité.

B. — Du permis d'inhumer.

50. Double intérêt de la disposition.
51. Sa sanction dans l'article 358 C. pén.
52. S'applique-t-elle au ministre du culte qui procède à la sépulture sans avoir reçu le permis ?
53. Les circonstances de fait sont-elles un élément d'excuse ?
54. L'absence de bonne foi n'est pas nécessaire pour l'application de l'art 358 C. pén.
55. Inhumations tardives.
56. Aggravation de peine en cas de crime ou de délit.

50. — L'article 77 du Code civil est ainsi rédigé : « Aucune inhumation ne sera faite sans une autorisation sur papier libre et sans frais, de l'officier de l'état civil, qui ne pourra la délivrer qu'après s'être transporté auprès de la personne décédée, pour s'assurer du décès, et que vingt-quatre heures

(1) Cassat. 10 septembre 1847. Arrix. D. P. 47. 1. 302.
(2) Cassat. 2 septembre 1843. Muret. D. P. 44. 1. 161.

après le décès, hors les cas prévus par les règlements de police ».

Cette disposition est dictée par un double intérêt. C'est d'abord celui du *de cujus* ; en imposant à l'officier d'état civil la mission de s'assurer préalablement du décès, la loi a voulu prévenir le danger de l'inhumation précipitée. Il y a aussi un intérêt général en cause. L'officier d'état civil est en même temps officier de police judiciaire : or l'examen du corps lui permettra de rechercher la cause du décès. Si cet examen fait naître quelque soupçon et lui donne lieu de supposer que la mort n'est pas naturelle, il refusera le permis, ordonnera l'autopsie et préviendra le ministère public.

51. — Cette obligation de se faire autoriser à procéder à l'inhumation est sanctionnée par l'article 358 du Code pénal : « Ceux qui, sans l'autorisation préalable de l'officier public, dans le cas où elle est prescrite, auront fait inhumer un individu décédé, seront punis de six jours à deux mois d'emprisonnement, et d'une amende de seize francs à cinquante francs, sans préjudice de la poursuite des crimes dont les auteurs de ce délit pourraient être prévenus dans cette circonstance. La même peine aura lieu contre ceux qui auront contrevenu, de quelque manière que ce soit, à la loi et aux règlements relatifs aux inhumations précipitées ».

La sévérité de la peine prononcée accuse le prix que le législateur attache à l'observation de la règle qu'il a posée. Ce n'est pas là, du reste, une innovation du Code de 1810 ; nous trouvons des dispositions analogues dans le décret du 4 thermidor an XIII (23 juillet 1805, article unique). Il faut remarquer toutefois qu'il existe d'importantes différences entre les deux textes. Ainsi, la violation du décret de l'an XIII n'entraînait qu'une peine de simple police ; celle de l'article 77 C. civ., combiné avec l'article 358 C. pén., donne lieu à une peine correctionnelle. D'autre part, tandis que le décret de l'an XIII frappait toute personne qui, à un titre quelconque, avait prêté son concours à la sépulture, l'article 358 semble n'atteindre que ceux qui ont procédé à l'inhumation proprement dite, mais non ceux qui ont seulement joué un rôle dans les cérémonies des funérailles.

52. — Cette dernière question s'est présentée devant les tribunaux à propos du ministre du culte qui aurait accompli les fonctions religieuses de la sépulture avant que le permis d'inhumer n'ait été délivré par l'autorité civile.

La cour de cassation a décidé qu'il ne tombait pas sous le coup de l'article 358, qui, « ne parlant que de ceux qui ont fait inhumer un individu décédé, n'a eu en vue que ceux qui ont quelque intérêt à l'inhumation, et ne s'applique pas aux curés, desservants et pasteurs qui ne font que lever les corps et les accompagner hors des églises et des temples (1) ». On faisait remarquer avec raison la différence de rédaction de notre article avec celle du décret du 4 thermidor an XIII. « Il est défendu, dit ce dernier, à toutes les fabriques, églises, consistoires ou autres ayants droit de faire les fournitures requises pour les funérailles, de livrer lesdites fournitures ; à tous curés, desservants et pasteurs d'aller lever les corps ou de les accompagner hors églises et temples, qu'il ne leur apparaisse de l'autorisation donnée par l'officier d'état civil pour l'inhumation. »

Mais, tout en établissant que le fait incriminé échappait à l'application de l'article 358 C. pén., la cour de cassation dé-

(1) Cassat. 27 janvier 1832. Moussier. D. P. 32. 1. 166.

clarait qu'il était compris parmi ceux visés par le décret de l'an XIII, et qu'à ce titre il constituait une contravention ayant la sanction attachée par l'article 471, § 15, du Code pénal à tous les règlements faits par l'autorité administrative (1).

53. — Les juges ont eu à se prononcer sur la question de savoir si la personne qui a fait procéder à une inhumation sans autorisation ne pourrait pas invoquer certaines excuses. Elle fut résolue une première fois par le tribunal de police correctionnelle de Marennes, dans le sens de la négative. Il constatait cependant que le prévenu avait plusieurs fois réclamé le permis, que la mairie était alors fermée, le maire absent ainsi que son secrétaire, et que d'autre part le corps du défunt était dans un état de décomposition très avancée. Mais il décidait avec raison que ces différents faits, tout favorables qu'ils fussent à l'inculpé, ne pouvaient que servir de base à une application très large des circonstances atténuantes, sans enlever à l'acte même de l'inhumation non autorisée son caractère délictueux (2).

Par une singulière coïncidence, la même juridiction, appelée trois ans plus tard à juger un délit du même genre, statua en sens inverse. Elle prononça l'acquittement du prévenu en se fondant sur cette raison principale que l'article 358 du

---

(1) Cf. Circulaire ministérielle du 18 décembre 1850.

En dehors de la répression de la contravention, le ministre du culte, d'après les Articles organiques, serait encore dans le cas d'une déclaration d'abus. (Loi du 18 germin. an X, art. 6.)

Ces deux poursuites se cumuleront-elles ? La répression de la contravention devra-t-elle être précédée de la déclaration d'abus, ou réciproquement ? Question très discutée, dont l'hypothèse présente n'est qu'une des moindres applications, et dont l'examen nous entraînerait hors de notre cadre. Cf. Ducrocq, Droit administratif, 6ᵉ édit. t. I, p. 680.

(2) Trib. de Marennes, 11 octobre 1881. Tort. D. P. 84. 2. 189.

Code pénal ne serait applicable que dans le cas d'inhumation dissimulée à l'autorité, tandis que, dans l'espèce, le maire avait été averti et sollicité (1).

Sur l'appel du ministère public, la cour de Poitiers réforma le jugement du tribunal, et déclara que l'infraction de l'article 358 est une contravention matérielle qui ne peut être excusée par la bonne foi du prévenu ou par la nécessité pressante de donner la sépulture à une personne décédée depuis plusieurs jours, et que le refus persistant du maire de délivrer le permis d'inhumer ne peut avoir pour conséquence de permettre à celui qui le réclame d'agir sans autorisation.

En annotant la décision qui précède, M. Ducrocq approuve sans réserve la doctrine de la cour de Poitiers, dont nous admettrons l'opinion, quoiqu'en fait l'application des principes puisse conduire parfois à des conséquences extrêmes. Il paraît bien certain en effet que l'article 358 ne distingue pas, et que dans tous les cas, qu'il y ait ou non inhumation clandestine, le fait d'agir sans autorisation constitue un délit. Les motifs de ce texte écartent, du reste, toute idée de distinction. Le législateur a voulu avant tout éviter les inhumations précipitées de personnes frappées seulement d'une mort apparente ; il a voulu aussi faciliter la recherche des crimes ou délits dont la mort serait la conséquence. Ces deux raisons existent dans tous les cas : donc, dans tous les cas, l'article 358 est applicable.

54. — L'esprit des dispositions qu'il énonce est tellement rigoureux que les auteurs admettent que ce fait de procéder à la sépulture sans la permission requise, quoique classé comme délit correctionnel, participe de la contravention en ce sens que l'intention frauduleuse chez le prévenu n'est pas

(1) Id. 7 avril 1884. D. P. 84. 2. 194.

une condition d'application de la peine. « Celle-ci est directement attachée au fait même de l'inhumation sans autorisation préalable d'un individu décédé, sans que le juge puisse avoir égard aux circonstances de la cause autrement que pour l'application de l'article 463 du Code pénal (1). » C'est ce que répète la cour de Poitiers dans l'arrêt précité.

55. — Est-ce à dire que, le maire refusant l'autorisation, il y aura impossibilité absolue d'accomplir l'inhumation devenue urgente sans commettre le délit visé par l'article 358 du Code pénal? La loi du 5 avril 1884 a remédié à cette situation d'une façon efficace dans son article 93, en investissant le préfet ou le sous-préfet, à défaut du maire, de l'obligation « de pourvoir d'urgence à ce que toute personne décédée soit ensevelie et inhumée décemment, sans distinction de culte ni de croyance ». Nous n'avons plus dès lors à nous occuper des controverses que la nouvelle loi a tranchées par cette disposition très claire. « Le législateur, dit l'instruction ministérielle du 15 mai 1884, veut que dans le cas où, au sujet de l'ensevelissement et de l'inhumation d'une personne décédée, des difficultés s'élèvent, des retards trop considérables se produisent, notamment parce qu'elle est inconnue ou délaissée, le préfet dans l'arrondissement chef-lieu, et le sous-préfet dans les autres arrondissements, prennent les mesures qu'exigent soit le bon ordre, soit la décence publique, si le maire refuse ou néglige de les prescrire... » (2). Le danger, et dans certains cas le scandale des inhumations tardives, se trouvent donc conjurés.

---

(1) Ducrocq, Note sur l'arrêt précité. D. P. 84. 2. 187. — Faustin-Hélie, Théorie du Code pénal, 5ᵉ édit. t. IV, nᵒ 1760, p. 473. — Blanche, Etudes pratiques sur le Code pénal, nᵒ 330, t. V, p. 370.

(2) Bulletin officiel du ministère de l'intérieur, 1884, p. 259.

56. — L'article 359 du Code pénal porte que « quiconque, aura recélé ou caché le cadavre d'une personne homicidée ou morte des suites de coups ou blessures , sera puni d'un emprisonnement de six mois à deux ans, et d'une amende de cinquante francs à quatre cents francs , sans préjudice de peines plus graves, s'il a participé au crime ». Il n'y a pas, du reste, à rechercher si le recéleur a eu l'intention coupable ou non, ou encore si l'homicide a été volontaire ou commis par imprudence ; ces circonstances seront indifférentes à la cause (1).

Nul doute que cet article ne s'applique au cas où un individu aurait accompli clandestinement la sépulture dans ces conditions. L'inhumation dissimulée doit évidemment être punie de peines plus particulièrement sévères lorsque le défunt est décédé à la suite d'un crime ou d'un délit.

§ II. — *Obligations imposées à l'officier de l'état civil.*

57. — L'officier d'état civil, aux termes de l'article 77, devra d'abord se transporter auprès du défunt pour constater le décès.

Les auteurs sont unanimes à critiquer cette disposition qui, si elle était appliquée rigoureusement, ne donnerait presque jamais le résultat que le législateur s'est proposé. On a voulu éviter les sépultures prématurées des personnes en état de catalepsie, et faire examiner d'autre part si la mort est natu-

---

(1) Cassat. 26 mai 1885. Morin. D. P. 55. 1. 224.

relle ou n'est pas due au contraire à une cause susceptible d'éveiller les soupçons de la justice répressive. Or, l'accomplissement de cette mission implique l'intervention d'un homme de l'art et non du maire. Il en résulte que celui-ci ne se conforme presque nulle part aux prescriptions de l'article 77. Dans les grandes villes, il y a un service spécial organisé par l'administration municipale qui délègue des médecins désignés pour la constatation du décès ; ailleurs , c'est celui qui a soigné le malade qui atteste la mort et ses causes par déclaration signée qu'il couvre de sa responsabilité. Quelque confiance que ces deux manières de procéder puissent en fait inspirer, en droit elles ne sont point légales. Dans les campagnes, on va plus loin encore : l'officier d'état civil délivre le permis d'inhumer sur la simple déclaration des intéressés.

En présence de l'inobservation générale de la loi et des dangers qui en sont la conséquence, le législateur devrait intervenir. Il lui suffirait d'obliger l'officier d'état civil à se faire présenter un certificat d'un homme de l'art dont la visite serait payée par la caisse communale, à l'égard de laquelle cette indemnité serait classée comme dépense obligatoire.

58. — On s'est demandé, à ce propos, par qui, dans l'état actuel de la législation, doivent être acquittés les honoraires du médecin commis par le maire. C'est un point qui est réglé ordinairement par le vote du Conseil municipal ; mais ce n'est pas une dépense obligatoire, et si le maire la faisait de ce chef sans y être autorisé, le Conseil serait en droit de laisser la dette à la charge de l'officier d'état civil qui a fait accomplir par un autre la tâche que la loi en définitive lui imposait. En conséquence le médecin, réclamaut ce qui lui est dû, peut agir personnellement contre le maire devant les tribunaux judiciaires.

Il ne faut pas évidemment confondre cette situation avec l'hypothèse où le maire, soupçonnant un crime, aurait ordonné un examen spécial ou l'autopsie du cadavre. Il agit alors, non plus comme officier d'état civil, mais comme officier de police judiciaire, en vertu de la mission qui lui est confiée par le Code d'instruction criminelle. Dans ce cas, les tribunaux judiciaires sont incompétents, et c'est par la voie administrative que l'indemnité du médecin doit être demandée (1).

59. — Notons encore sur ce point les articles 18 et 19 de la loi du 14 janvier 1813 sur la police de l'exploitation des mines, qui obligent rigoureusement l'officier d'état civil à se transporter auprès du décédé, sauf le cas d'impossibilité absolue.

60. — L'officier d'état civil doit enfin veiller à ce qu'un intervalle de vingt-quatre heures au moins sépare le décès et l'inhumation (art. 77 C. civ.). En cas de mort subite, ce délai est doublé. Il peut être encore prolongé quand le maire estime qu'il y a des indices de mort violente. Cette règle a une sanction dans l'article 358 du Code pénal, car, si le maire délivrait le permis avant l'expiration du délai légal, il pourrait être poursuivi comme étant de ceux « qui ont contrevenu d'une manière quelconque à la loi et aux règlements relatifs aux inhumations précipitées ». Observons cependant que la loi admet des hypothèses où, à raison de l'urgence, par exemple en temps d'épidémie, dans le cas de maladie infectieuse ou de décomposition rapide du corps, ce délai peut

(1) Cassat. 19 juin 1816.

être abrégé. Le maire apprécie souverainement ces circonstances.

Quant au point de départ du calcul des vingt-quatre heures,
il résulte bien des termes de l'article 77 que c'est le moment
du décès et non celui de la déclaration à l'officier d'état civil.
Telle est, du reste, l'opinion de presque tous les auteurs. On
peut, il est vrai, objecter que l'acte d'état civil ne contient]pas
l'heure du décès. Mais autre chose est l'acte de décès, autre
chose l'autorisation d'inhumer. Le premier restera pour produire des effets en quelque sorte continus, longtemps après
sa rédaction, et quand les moyens de vérifier ses énoncia-
tions feront défaut : on conçoit dès lors que la loi tienne en
suspicion la déclaration des parents. Mais quand il s'agit
d'un permis d'inhumer, l'acte n'a qu'un intérêt très différent,
il ne produira d'effet que sur le moment ; rien n'est plus facile,
au surplus, que de contrôler le dire des déclarants.

ARTICLE II.

Accomplissement des funérailles.

61. Rôle du maire.
62. Refus de prières de la part de l'autorité ecclésiastique. Point de droit.
63. Point de fait.
64. Circulaires ministérielles sur la matière.

61. — Comme magistrat chargé de la police municipale, le
maire a le devoir d'assurer le respect des funérailles, quelle
qu'en soit la forme, qu'elles soient religieuses ou purement
civiles (art. 93 de la loi du 5 avril 1884). Mais, en vertu de ce
même droit de police, il peut les traiter en manifestations politiques quand elles prennent ouvertement ce caractère, in-

terdire la circulation du cortège, s'opposer au déploiement de certains emblèmes quand il juge qu'il y a là une occasion véritable de trouble pour la tranquillité publique dont il répond (1). Ce droit lui appartient incontestablement, et le blâme ne saurait lui être adressé qu'au sujet des fausses applications qu'il en ferait Dans ce cas, il ne relève que de l'autorité et des juridictions administratives ; s'il en était autrement, le principe de la séparation des autorités subirait une atteinte. L'acte étant administratif, les tribunaux judiciaires ne peuvent en connaître.

Sous ces réserves, c'est au maire qu'il appartient de fixer l'heure du convoi et l'itinéraire qu'il suivra. Dans la pratique cette désignation sera l'œuvre commune de l'administration des pompes funèbres, de l'autorité religieuse et de la famille du décédé ; l'autorité municipale n'aura qu'à l'approuver en la visant dans le permis d'inhumer. Il faut toutefois reconnaître au maire le droit d'intervenir pour tout ce qui concerne la police et le maintien de l'ordre public. Il n'excéderait donc pas les limites de son mandat en modifiant, s'il en était besoin, l'heure et la marche du cortège ; mais il est évident qu'il ne doit user de son droit qu'avec beaucoup de ménagements.

62. — Un conflit d'une nature toute spéciale peut être soulevé à propos des cérémonies des funérailles, non plus entre la personne qui préside à celles-ci et l'autorité civile, mais avec l'autorité religieuse. La famille demande la présence du ministre du culte, et celui-ci refuse son concours. C'est là une question qui, à certaines heures, a préoccupé vivement l'opinion publique. Pour la trancher on a produit nombre de textes et d'arrêts de parlements ; elle nous

(1) V. infrà, n° 200.

semble cependant facile à résoudre avec les principes qui dominent l'organisation de la société moderne.

Ce serait, a-t-on dit, une erreur de croire que les refus des sacrements et les refus de sépulture ecclésiastique soient des décisions qui, prises par le prêtre, suivant les inspirations de sa conscience, en exécution des lois de l'Eglise, échappent par leur nature, et, par cela seul qu'elles sont du domaine spirituel, au contrôle de l'Etat.

Cette erreur, nous la professons avec d'éminents jurisconsultes. Nous comprenons que les Parlements soient intervenus dans l'ancien droit. La question de sépulture ecclésiastique y était intimement liée à des intérêts d'ordre non religieux, comme, par exemple, l'état civil réservé aux seuls catholiques. D'une manière générale, on sait que l'exercice de toute fonction impliquait la profession de foi catholique. Il y avait donc là une sorte de terrain mitoyen sur lequel on conçoit que les deux juridictions aient eu des prétentions à s'exercer concurremment, chacune au nom des intérêts dont la sauvegarde lui était confiée.

Mais aujourd'hui, où est ce terrain mitoyen ? Les registres d'état civil sont tenus à la mairie et ouverts à tous ; ni la profession de foi religieuse ni la pratique des sacrements ne sont exigées de personne pour arriver à une fonction ou exercer un droit civil ; le mariage civil est déclaré absolument indépendant du mariage religieux ; les funérailles civiles sont traitées par la loi sur le même pied d'honneur que les funérailles religieuses. Ces matières, de connexes qu'elles étaient, sont devenues distinctes et indépendantes. On a même eu recours au droit pénal pour rendre la scission plus profonde (art. 199 et 200 C. pén.). Vainement on s'appuie sur cet argument que le régime actuel n'est pas la séparation de l'Eglise

et de l'Etat, mais un régime concordataire. Le Concordat n'a
que faire ici ; il vise les matières mixtes, mais non celles qui
ont un caractère exclusivement civil ou exclusivement religieux. En résumé, le maire n'a pas plus le droit de contrôler
à la sacristie les registres des sépultures catholiques que le
curé n'a le droit de contrôler à la mairie ceux de l'état civil.
Ces considérations ont pris plus de force encore depuis que
l'article 93 de la loi du 5 avril 1884 a proclamé le droit de
toute sépulture aux mêmes marques de considération publique.
On serait mal venu désormais à prétendre contre l'autorité
religieuse que le refus formulé par elle de procéder aux cérémonies du culte a, comme on l'a soutenu, quelque chose
d'offensant pour la mémoire du mort.

Au surplus, les conflits dont il s'agit se sont présentés et se
présenteront rarement. Supposons-en un cependant et voyons
comment, dans l'état actuel du droit et de la jurisprudence, il
sera résolu.

63. — L'article 19 du décret du 23 prairial an **XII** avait prétendu régler la matière. En voici les termes : « Lorsque le
ministre d'un culte, sous quelque prétexte que ce soit, se permettra de refuser son ministère pour l'inhumation d'un corps,
l'autorité civile, soit d'office, soit sur la réquisition de la
famille, commettra un autre ministre du culte pour remplir
ces fonctions ; dans tous les cas, l'autorité civile est chargée de faire présenter, déposer et inhumer le corps ». On conçoit sans peine que cette disposition n'ait en rien facilité la solution de la difficulté. Le nouveau prêtre que l'autorité civile
désignerait, ne manquerait point d'agir comme le précédent,
ayant les mêmes motifs que lui de refuser son ministère,
fondés sur les règles de discipline qu'il n'est pas libre de trans-

gresser. Si le prêtre, toujours invité d'ailleurs à faire l'application de ces règles avec la plus grande circonspection et la plus sage prudence, venait à abuser de son ministère, qui ne voit que c'est à son chef, c'est-à-dire à l'évêque, d'en connaître, et que ce n'est certainement pas à l'autorité civile de juger de la violation d'une loi canonique ? M. de Cormenin a qualifié d'insensé ce texte qui veut que l'autorité civile commette d'office, mais sans contrainte toutefois, un autre ministre du culte. « Qu'est-ce en effet, ajoute-t-il, que ce prêtre automate qui arrive au premier coup de sifflet de l'autorité civile et qui prie par commission ? La prière ne vient pas d'un bureau de police (1). »

Au surplus, l'on a fait remarquer que le législateur d'une part ne désignait pas l'autorité civile chargée de requérir le prêtre chargé de suppléer celui qui refusait les prières, et d'autre part qu'il ne prononçait pas de sanction.

On s'est alors contenté de dire qu'il y avait lieu à déclaration d'abus ; et, de fait, la jurisprudence s'est fixée en ce sens. Il convient cependant d'observer que cette jurisprudence a pris pour base l'article 6 des Articles organiques (loi du 18 germinal an X), et non l'article 19 du décret du 23 prairial an XII. Ce point est important, car, tandis que l'article 19 atteint le ministre du culte qui, « sous quelque prétexte que ce soit », refuse la sépulture religieuse, le conseil d'Etat se réserve l'examen des conditions de fait dans lesquelles s'est produit le refus des prières (2).

<hr>

(1) De Cormenin, Droit administratif, t. 1, p. 333.

(2) Au sujet de cette jurisprudence, mentionnons seulement l'appréciation de l'auteur précité ; elle nous semble résumer la critique qui peut en être faite. « Est-il bien vrai que la loi du 18 germinal an X soit applicable aux refus de sépulture ? En effet, y a-t-il, dans le cas posé, usurpation ou excès de pouvoir ? Non : car l'usurpation, qui est de toutes les choses la plus éclatante et la plus

64. — Au surplus , l'interprétation législative qu'il faut donner à l'art. 19 du décret de prairial, et notamment au mot « présenter » qu'il contient, a été nettement déterminée par deux circulaires du ministre de la justice et du ministre de l'intérieur, rendues les 15 et 16 juin 1847 (1), après un scandale qui s'était produit à Périgueux, où les portes d'une église avaient été forcées et où un assistant avait parodié les fonctions du prêtre (2).

Elles établissent « la saine et véritable entente à attribuer à l'article 19, afin de prévenir désormais toute atteinte au principe de la liberté religieuse qui place sous la sauvegarde des lois la discipline ecclésiastique servant de règle à l'exercice du culte ». Elles distinguent avec soin l'acte pur et simple de l'inhumation régi par les règles de salubrité et d'ordre public dont la connaissance appartient à l'autorité administrative, des cérémonies exclusivement religieuses auxquelles préside le ministre du culte dans l'enceinte du

active, n'existe assurément pas dans un refus silencieux. Contraventions aux lois et règlements de l'Etat ? Non : car aucune loi, aucun règlement de l'Etat n'oblige le prêtre à suppléer, dans ce cas, les cérémonies funèbres. Attentat aux libertés, franchises et coutumes de l'Eglise gallicane ? Non : car ces libertés, ces franchises, ces coutumes ne sont pas violées. Infraction aux règles consacrées par les canons reçus en France ? Non : car aucun droit civil, politique, temporel des particuliers, qui serait protégé par ces canons, aucun intérêt autre qu'un intérêt purement spirituel n'est ici blessé. Entreprise ou procédé qui, dans l'exercice du culte, puisse compromettre l'honneur des citoyens, troubler arbitrairement leur conscience, dégénérera contre eux en oppression, ou en injure, ou en scandale public ? Non : car le prêtre qui se tait, qui disparaît, qui s'abstient, n'est pas dans l'exercice du culte ; il ne jette aucune menace contre les citoyens du haut de la chaire sacrée, il ne profère point d'injures, il ne trouble point arbitrairement les consciences, il ne commet point d'acte oppressif, il ne fait pas le scandale, il le subit. La loi du 18 germinal an X est donc ici sans application. » (De Cormenin, loc. cit.)

(1) D. P. 47. 3. 128 et 173.

(2) V. aussi Avis du conseil d'État, 22 mars 1826 et 29 avril 1831 ; et aff. Monter, 30 décembre 1858. Sirey, 39. 2. 53.

temple. Etant données les lois fondamentales qui garantissent à ce culte la liberté et l'exercice légitime de ses droits, étant données aussi la distinction et l'indépendance qui en résultent entre les deux puissances religieuse et civile, on ne saurait valablement attribuer à cette dernière la faculté de faire ouvrir les portes d'une église dans le but d'y introduire le corps d'une personne à qui le clergé refuserait la sépulture ecclésiastique. Agir d'une autre manière serait violer étrangement le principe qui assure au ministre du culte la police intérieure du lieu saint (1) et que l'autorité supérieure a rappelé en maintes circonstances (2).

Vienne donc le cas d'un refus de sépulture : « l'article 19 a bien garde d'imposer à l'autorité civile le devoir ou de lui conférer le droit d'introduire le corps dans l'église ou temple contre le gré de l'autorité religieuse : ce serait là violenter les consciences, empiéter sur la discipline ecclésiastique et ne plus accomplir une œuvre purement civile. L'autorité se bornera donc à faire présenter le corps à l'entrée des lieux consacrés au culte, lorsque le prêtre n'aura point accompagné le convoi après son départ de la maison mortuaire, afin que là le prêtre puisse le recevoir et procéder aux cérémonies conformes au rite de sa communion ; et, s'il y a eu refus de sépulture ecclésiastique, refus persévérant, manifesté par l'abstention formelle de l'Ordinaire du lieu et de tout ministre commis à son défaut, l'autorité devra faire transporter les corps au lieu des inhumations et veiller à ce que jamais on ne force les portes du temple. Toute autre interprétation du dé-

(1) Décision ministérielle du 21 pluviôse an VIII. — Gaudry, Traité de la législation des cultes, t. I, p. 219.

(2) Décisions ministérielles du 2 avril 1806 ; du 7 juin 1807 ; du 22 mars 1831.

cret de prairial serait fausse et évidemment attentatoire à la liberté religieuse et à la protection promise à chacun pour l'exercice de son culte ».

Les termes de ces circulaires sont suffisamment explicites, et, depuis elles, il ne s'est pas élevé, à notre connaissance, de conflits sérieux.

CHAPITRE III.

DES FRAIS FUNÉRAIRES.

65. Ils font partie des dettes de la succession. Exception nécessaire pour
    l'indigent.
66. Leur calcul. Division du chapitre.

65. — Les dépenses faites à l'occasion de la mort d'une personne comptent, on le sait, parmi celles que le Code a l'habitude d'appeler charges de la succession. Elles sont défalquées au même titre que les dettes du défunt quand il s'agit d'établir la quotité disponible. Rien n'est plus juste d'ailleurs, et nous trouvons là un souvenir de la loi romaine qui voulait que le décédé fût inhumé *de suo*.

Les nécessités de l'hygiène, et surtout le respect envers les morts, obligent à transgresser cette règle au cas de mort d'un indigent. « Il ne sera rien réclamé, dit l'article 20 du décret du 23 prairial an XII, à l'occasion de l'inhumation des individus inscrits au rôle des indigents »; et l'article 11 du décret du 18 mai 1806 assure le même principe. Cette inscription au rôle est aujourd'hui remplacée par un certificat du maire équivalent. Les fabriques et consistoires ont donc, comme charge du monopole dont nous allons bientôt parler, l'obligation de pourvoir gratuitement à cette sépulture d'une manière convenable, et les fournitures nécessaires au convoi sont déterminées par le conseil municipal.

66. — Le recouvrement des frais funéraires s'opère suivant les règles du droit commun ; la juridiction qui connaîtra de leur poursuite sera le tribunal civil. Leur calcul est très simplifié par suite des tarifs qui règlent les perceptions à effectuer. Il en est un d'abord qui fixe les oblations dues au clergé et à ses auxiliaires, à raison des actes du ministère ecclésiastique. Aucun honoraire ne peut en général être réclamé s'il n'y est consigné (1). Sur ce point, nous n'avons rien à observer.

Un autre tarif détermine les redevances dues en matière de pompes funèbres proprement dites. Au sujet de celles-ci et du monopole dont elles sont l'objet, il nous faut entrer dans quelques explications ; nous examinerons ensuite la question du privilège des frais funéraires.

ARTICLE I.

Monopole des pompes funèbres.

67. Etat de la législation actuelle.
68. Décrets réglant l'organisation du monopole.

67. — Ce n'est pas sans une certaine hésitation que nous abordons l'étude d'une législation qui bientôt se trouvera peut-être abrogée, et remplacée par une autre toute différente. Il nous paraît difficile, d'autre part, de faire par avance le commentaire d'une loi qui non seulement n'est ni promulguée ni même votée définitivement, mais encore sur les détails de laquelle l'accord est loin d'être fait. En de telles conditions,

---

(1) Un arrêt de Cassation décide que les oblations fixées par le tarif diocésain ne s'appliquent qu'aux actes du ministère ecclésiastique, et non aux dépenses que le curé aurait à faire, soit pour inviter à leur domicile des prêtres étrangers, soit pour décorer exceptionnellement l'église. Ces dépenses devraient être réglées à part, d'après les principes du mandat salarié. Cassat. 9 juillet 1877. Dejean c. Belaigne. Sirey, 78. 1. 76.

notre devoir paraît être d'exposer brièvement les règles actuellement en vigueur et d'indiquer ensuite les dispositions du projet de loi.

68. — Les fabriques, réorganisées sous le Consulat, n'avaient que peu de ressources pour supporter des charges assez lourdes. Sans doute, on leur restituait ceux des biens qui leur avaient appartenu avant la Révolution et qui n'avaient pas été aliénés ; mais, en fait, les propriétés ayant échappé à la vente étaient le petit nombre. Quant aux secours venant des conseils municipaux, comme ils étaient volontaires, c'était une source de conflits périodiques.

Le premier consul eut l'idée, pour tirer les fabriques de cette situation délicate, de leur assurer le monopole des pompes funèbres. Ce fut l'œuvre du décret organique du 23 prairial an XII, dans son article 22 : « Les fabriques des églises et les consistoires jouiront seuls du droit de fournir les voitures, tentures, ornements, et de faire généralement toutes les fournitures quelconques nécessaires pour les enterrements et pour la décence ou la pompe des funérailles. Les fabriques et consistoires pourront faire exercer ou affermer ce droit, d'après l'approbation des autorités civiles, sous la surveillance desquelles ils sont placés ».

Le décret organique du 18 mai 1806 sur les pompes funèbres développa les règles posées par celui de l'an XII, les corrigeant en un certain nombre de points. La Cour de cassation, après avoir décidé que le dernier de ces actes abrogeait le premier, a fini par admettre qu'ils devaient se combiner (1).

Enfin les décrets du 18 août 1811 et du 27 octobre 1875

______

(1) Cassat. 27 novembre 1816. Bouveret. Sirey. Collect. nouv. 5. 1. 255. — 27 août 1823. Labalte. D. P. 23. 1. 450.

édictent un certain nombre de dispositions spéciales à la ville de Paris.

Nous examinerons successivement l'objet exact du monopole, les règles qui président à la confection des tarifs, la sanction du monopole, ses modes d'exploitation.

§ I. — *Objet du monopole.*

69. Difficultés d'interprétation. Fournitures obligatoires et facultatives.
70. Etendue du monopole.
71. Il comprend même les objets non mentionnés dans les tarifs supplémentaires.
72. Mesure suivant laquelle il s'applique aux voitures faisant partie du convoi.
73. Ses limites raisonnables.

69. — Nous venons de voir que le décret de prairial an XII faisait porter le monopole sur « les voitures, tentures, ornements et généralement toutes les fournitures quelconques nécessaires pour les enterrements et pour la décence de la pompe des funérailles ». Le décret du 18 mai 1806 (article 7) lui fait comprendre « toutes les fournitures nécessaires au service des morts dans l'intérieur de l'église et toutes celles qui sont relatives à la pompe des convois ». L'interprétation de ces textes a, dans la pratique, donné lieu à de nombreuses difficultés.

Signalons-en une des plus importantes. Le décret du 18 août 1811, qui réglait le service des pompes funèbres de la ville de Paris, distingue deux espèces de fournitures, les unes obligatoires, les autres facultatives : les premières, énumérées dans le tableau dit « des classes », annexé au décret ; les secondes, portées au tarif des articles supplémentaires. Or, des termes du décret, et en particulier de l'article 5, on crut pouvoir conclure que le monopole s'appliquait seulement aux premières fournitures, le droit de les faire étant le seul qui se trouve qualifié exclusif. Quant aux articles portés sur le tarif des articles facultatifs, on soutenait qu'ils pouvaient être fournis par tout industriel, sous l'obligation de se conformer aux prix officiels.

C'est au cours de cette controverse, soulevée à propos des billets d'enterrement et des cercueils, que fut agitée la question de savoir dans quelle mesure le décret du 18 mai 1806 avait abrogé celui de prairial an XII. L'abrogation a été complète, disaient les partisans de la première opinion qui écartaient ainsi l'article 25, mentionnant les billets d'enterrement. Le décret de 1806, ajoutaient-ils, ne fait plus porter le monopole que sur les fournitures nécessaires au service des morts dans l'intérieur des églises ou à la pompe des convois. Or, ni les billets d'enterrement ni les cercueils n'entrent dans l'une ou l'autre de ces catégories ; et c'est en considération de cet état de choses que le décret de 1811, relatif à la ville de Paris, a fait deux tableaux : celui des classes et celui des articles facultatifs.

70. — Cette manière de voir, approuvée plusieurs fois par diverses juridictions, paraissait définitivement consacrée par la Cour de cassation (1), lorsqu'un nouvel arrêt, rendu par elle le 27 août 1823, fit prévaloir une interprétation différente, et, depuis, la jurisprudence n'a plus varié. Elle a décidé jusqu'à nos jours que toutes les fournitures, non seulement celles portées au tableau des classes et celles taxées comme facultatives, mais généralement toutes celles qui peuvent être requises, quoique non mentionnées dans le tarif, font l'objet du monopole. La cour de Rouen l'a ainsi jugé le 31 janvier 1862, à

(1) Arrêt précité, 27 novembre 1816.

propos des billets d'enterrement (1) ; et la cour de Toulouse,
le 27 décembre 1867, a donné une solution identique, remarquablement motivée (2).

Un arrêt de Paris du 11 avril 1850 a décidé que le privilège
des fabriques existait même pour les objets supplémentaires
non déterminés dans la distribution des diverses classes de
service, et qui, laissés, comme non indispensables, à la faculté
des familles, sont compris dans le tarif supplémentaire annexé
à l'ordonnance de concession. Dans l'espèce, il s'agissait
de cercueils faits en matières diverses, de plaques, crêpes,
etc., fournis par une maison de commerce (3).

Mentionnons aussi une décision qui confirme la précédente,
et ajoute que le monopole existe encore pour les fournitures
de cercueils destinés aux exhumations (4).

71. — Un industriel pourrait-il au moins fournir les objets
qui ne sont portés ni au tableau des classes, ni même au tarif
supplémentaire ?

L'arrêt de cassation de 1823 résout la question négativement. Si une fourniture n'est pas taxée, le prix devra se débattre de gré à gré ; mais nul autre que la fabrique ne pourra la
procurer.

C'est dans le même sens qu'un autre arrêt de la Cour
suprême paraît avoir tranché définitivement le point qui nous
occupe. La ville de Marseille avait un tarif approuvé en 1808,
qui ne réglait les convois que suivant le mode de transport à
bras. Depuis cette époque, l'usage des transports en voiture

(1) C. de Rouen, 31 janvier 1862. Roquencourt. D. P. 62. 2. 83.
(2) C. de Toulouse, 27 décembre 1867. Guerre. D. P. 68. 2. 54. — Dans le
même sens, Gaudry, Traité de la législation des cultes, t. II, n° 811, 2° ; Gaubert, Traité théorique et pratique des pompes funèbres, t. I, p. 236 et s.
(3) C. de Paris, 11 avril 1850. Barbier. D. P. 55. 2. 18.
(4) C. de Paris, 21 novembre 1859. Ballard. D. P. 59. I. 467.

s'était introduit, mais sans que la fabrique fît approuver son tarif supplémentaire. Un particulier crut pouvoir lui faire concurrence sur ce point et sur la fourniture de quelques autres objets également non compris dans le tarif de 1808, notamment les billets d'enterrement. Il fut condamné successivement par le tribunal de Marseille et par la cour d'Aix. La Cour de cassation confirma cette jurisprudence. Elle décida que si le tarif approuvé pour la ville de Marseille par décret du 10 septembre 1808 n'avait pas réglé le prix à payer par les familles pour les voitures employées au transport des corps et pour d'autres objets accessoires, il résultait bien de là, pour les parties intéressées, le faculté de débattre ces prix avec la régie des inhumations, mais qu'on ne pouvait en induire une exception aux prohibitions formulées par l'article 24 du décret de prairial an XII (1).

72. — Il n'est guère douteux que le monopole des fabriques, en ce qui concerne les voitures, porte non seulement sur celles destinées au transport du cadavre soit à l'église, soit au cimetière, mais encore sur celles qui accompagnent le cortège pour servir aux personnes qui le composent, et donner en même temps plus de solennité aux funérailles. Cela résulte de la combinaison de l'article 22 du décret de prairial qui vise surtout le premier cas, et de l'article 10 du décret de 1806 qui paraît s'occuper du second.

Mais, ce principe admis, la question d'étendue du monopole peut encore donner lieu à difficultés. Ainsi certaines fabriques l'appliquent indistinctement à toutes sortes de voitures, aussi bien à celles amenées par les invités pour leur propre compte qu'à celles louées par la famille pour être mises à la

(1) Cassat. 29 juillet 1873. Audibert. D. P. 75. 1. 69.

disposition de ceux-ci. En ce qui concerne ces dernières, les fabriques revendiquent justement le droit exclusif de les fournir ; mais, quant aux premières, nous ne saurions admettre la prétention d'exiger de la famille un droit en raison de leur présence. Il est impossible de pousser l'interprétation du monopole au point de vouloir interdire à une personne de se servir de sa propre voiture pour assister à un enterrement. Peu importe que la pompe du cortège s'en trouve augmentée, comme on le soutient ; en tous cas, ce résultat n'est produit qu'indirectement. Nous écarterions les prétentions de la fabrique, encore que les personnes venues dans leur voiture y auraient fait monter d'autres invités. Le monopole implique l'idée de deux individus se présentant concurremment pour faire une spéculation que l'un d'eux seulement est autorisé à entreprendre. Ici, la spéculation n'existe que d'un seul côté ; le droit des fabriques n'est pas lésé injustement.

La Cour de cassation a eu à trancher la difficulté dans une de ses applications particulières. Il s'agissait de voitures de place ayant suivi de loin le cortège et dans lesquelles certains invités étaient montés à un moment donné. La Cour décida qu'il n'y avait pas atteinte au monopole, les deux circonstances de fait qui suivent se trouvant réunies : 1° les voitures avaient accompagné le convoi à une distance plus ou moins grande, mais sans s'immiscer dans le service du cortège ; 2° elles n'avaient en aucune façon augmenté la pompe des cérémonies, mais avaient uniquement obéi aux réquisitions de personnes désireuses de s'en servir au retour de l'église ou du cimetière (1). Cette dernière circonstance doit être remarquée ; la Cour ne vise que le cas de voitures destinées au retour ; il

____

(1) Cassat. 23 novembre 1877. Bertrand. D. P. 78. 1. 93.

faudrait, suivant nous, donner la même décision à l'égard de celles destinées à l'aller.

73. — On a laissé, sans la résoudre, la question de savoir si le monopole, lorsqu'il comprend les billets d'enterrement, s'applique aussi aux billets d'invitation pour le service de neuvaine ou les anniversaires. Nous n'irions pas jusque-là ; de même, nous n'admettrions pas qu'on puisse voir une atteinte au monopole dans les avis de décès insérés dans les journaux. Un auteur laisse entrevoir que les fabriques « auraient à examiner s'il ne conviendrait pas d'exiger des administrateurs des journaux que l'avis de décès passât sous silence l'heure à laquelle le convoi funèbre doit avoir lieu » (1). Nous ne saurions souscrire à cette opinion qui dépasse et les termes et l'esprit de la loi. Si l'on proscrivait l'avis encadré de noir, il faudrait également interdire le fait-divers mentionnant le décès des personnes marquantes, au cas où le reporter trop zélé se serait informé de l'heure des obsèques.

C'est encore avec raison qu'il a été décidé que la fourniture de fleurs ou couronnes dont le cercueil est orné n'est évidemment pas comprise dans le privilège que nous étudions.

Observons, en terminant sur ce point, que pratiquement la fabrique peut bien ne pas user des avantages de son monopole. Si elle le juge à propos, elle abandonnera à l'initiative des particuliers la faculté de faire directement tout ou partie des fournitures, et en fait il en sera ainsi dans bien des cas. Mais il n'y a là qu'une simple tolérance de la part de la fabrique. Cette tolérance n'infirme en rien son droit exclusif et total au monopole auquel elle n'est pas libre de renoncer, et c'est ce qu'il importe de remarquer.

(1) Gaubert, loc. cit. p. 249.

§ II. — *Confection des tarifs.*

74. Distinction de deux tarifs établie par le décret de prairial.
75. Elle est maintenue par le décret du 18 mai 1806.

74. — Le décret du 23 prairial an XII distinguait deux tarifs. Suivant l'article 20, « les frais et rétributions à payer aux ministres des cultes et autres individus attachés aux églises et temples, tant pour leur assistance au convoi que pour les services requis par les familles, seront réglés par le gouvernement, sur l'avis des évêques, des consistoires et des préfets, et sur la proposition du conseiller d'Etat chargé des affaires concernant les cultes ». L'article 25, d'autre part, décide que « les frais à payer pour les billets d'enterrement, le prix des tentures, les bières et le transport des corps, seront fixés suivant un tarif proposé par les administrations municipales et arrêté par les préfets ».

75. — Le décret du 18 mai 1806 maintient la même distinction. Toutefois c'est désormais par le ministre des Cultes que les tarifs élaborés par les évêques sont soumis à l'approbation du chef de l'Etat. Quant aux règlements et tarifs concernant le transport des corps, ils sont délibérés par les conseils municipaux et soumis avec l'avis du préfet, par le ministre de l'intérieur, à l'approbation dont nous parlons. Le décret-loi de décentralisation du 25 mars 1852 (tableau A, n° 46) a, pour ces derniers, substitué l'autorisation du préfet à celle du chef de l'Etat.

Un arrêt du conseil d'Etat du 10 avril 1867 a très nettement proclamé ce principe quand il a dit que « s'il appartient aux fabriques de dresser les tarifs des fournitures à faire dans l'intérieur des églises, sauf à les communiquer aux conseils municipaux pour avoir leur avis, les tarifs de fournitures nécessitées par le transport des corps hors de l'église et par la pompe funèbre donnée à ce transport doivent être proposés par les conseils municipaux, communiqués ensuite aux fabriques intéressées pour avoir leur avis, et approuvés par le préfet, par application du décret du 25 mars 1852 (1) ».

§ III. — *Sanction.*

76. Sanction pénale.
77. Sanction civile. Compétence des tribunaux judiciaires.

76. — La sanction du monopole dont nous traitons est pénale et civile. Pénale, elle trouve son principe dans l'article 471, § 15, du Code pénal, qui atteint, à défaut de sanction spéciale, toutes les infractions aux règlements légalement faits par les autorités administratives. Or les décrets de prairial an XII et de mai 1806 émanent de l'autorité administrative et constituent des règlements généraux de police légalement rendus par le pouvoir exécutif, auquel il appartenait de statuer en cette matière. La Cour de cassation a consacré cette manière de voir (2).

77. — La sanction civile réside dans l'action qui appartient à la fabrique contre celui qui a porté atteinte au monopole. C'est une action en réparation du dommage causé,

---

(1) C. d'Etat, 10 avril 1867. Fabrique de Saint-Etienne. Sirey. 67. 2. 162. — Cf. Mgr Affre, Administration temporelle des paroisses, p. 190. — Vuillefroy, Administrat. du culte catholique, p. 505. — Gaudry, Législation des cultes, t. II, n°, 811, p. 619.

(2) Cassat. 24 mars 1881. Chamonard. D. P. 81. 1. 331. — Revue générale d'administration, 1881, t. IX, p. 318.

fondée sur l'article 1382 du Code civil, et les tribunaux judiciaires sont appelés à en connaître. Sur ce point, il n'y a
aucune difficulté.

Il peut aussi s'élever des contestations entre la fabrique et
la famille au sujet du recouvrement des droits. Si ces droits
ont été perçus en vertu d'un tarif diocésain approuvé par le
chef du pouvoir exécutif, l'autorité judiciaire est seule compétente pour prononcer sur la légalité de ce tarif et sur l'application qui en a été faite. Un recours pour excès de pouvoir
contre ce tarif et contre l'acte administratif qui l'a approuvé
devrait donc être rejeté (1).

§ IV. — *Modes d'exploitation.*

78. Trois modes possibles. Droit d'option.
79. Nécessité de l'approbation du gouvernement.
80. Association de plusieurs fabriques. Personnalité morale.
81. Restrictions à la liberté d'exercice du monopole.
82 Formalités pour la concession de l'entreprise.
83. Juridiction compétente. Distinction.
84. Loi en préparation.

78. — Les fabriques peuvent exercer elles-mêmes leur
monopole ; elles peuvent le donner par voie d'entreprise à des
fermiers ; elles peuvent enfin l'exploiter en régie intéressée.

Entre ces divers modes, elles ont un droit d'option absolu
qui résulte de l'article 22 du décret de prairial et de l'article 7
du décret du 18 mai 1806. Deux lettres ministérielles, l'une
du 5 août 1865 à l'archevêque de Toulouse, l'autre du 6 mars
1868 à l'évêque de Montpellier, ont reconnu ce droit qui est
aussi proclamé dans un arrêt du Conseil d'Etat du 10 avril

---

(1) C. d'Etat, 23 avril 1875. Gravelet. D. P. 75. 3. 106. — Cassat. 5 juillet
1875. Id. D P. 75. 1. 475.

1867. Il n'y a d'exception à la règle que dans le cas où il s'agit de plusieurs paroisses d'une même ville ; encore, cette exception, comme nous allons le voir bientôt, est-elle fort limitée.

79. — Quand une fabrique a exercé son option et passé un traité, l'approbation du gouvernement est encore nécessaire. Mais il faut observer que cette approbation n'implique pas pour l'administration le droit de contrarier la fabrique dans son choix. Il s'agit de fournir à l'autorité supérieure un moyen de contrôler et critiquer les clauses et conditions de l'acte de fermage qui pourraient être préjudiciables à la fabrique et par contre-coup à la commune obligée de subvenir dans une certaine mesure aux besoins du budget paroissial.

Ce qui ajoute un trait de plus au caractère de cette approbation, c'est qu'une fois donnée elle ne pourrait plus être retirée pendant la période pour laquelle elle a été accordée. Il aurait fallu qu'elle fût conditionnelle (1).

80. — Dans les communes où il y a plusieurs paroisses, chaque fabrique est encore libre de choisir le mode d'exploitation qui lui convient, sans que son option puisse influer sur la décision des autres. On leur permet aussi de se réunir pour former une exploitation commune, soit directe, soit par voie de fermage ou de régie intéressée.

L'union entre deux ou plusieurs seulement est encore possible, les autres restant libres d'administrer comme elles l'entendent (2).

Quand plusieurs fabriques se concertent pour exploiter directement le monopole des pompes funèbres, on ne saurait

(1) C. d'État, 18 novembre 1881. Verdun. D. P. 83. 3. 29.
(2) Id. 10 avril 1867. Arrêt précité.

contester à leur association le caractère de personne morale. Leur régie peut donc intenter une action judiciaire dans laquelle l'agent général et le trésorier représentent valablement tous les membres de l'association (1).

On ne pourrait toutefois dire que cette association se livre à une spéculation commerciale. Les décrets qui ont créé le monopole n'ont pas eu pour but de procurer aux fabriques le moyen de s'enrichir de cette manière ; ils ont eu seulement en vue d'assurer la décence, la pompe et la régularité des funérailles et, au moyen de taxes fixées par un tarif dûment approuvé, de pourvoir à certains frais du culte. Il n'y a rien là qui tienne au trafic commercial, et la Cour de Paris précisait cette idée quand elle déclarait que ces opérations sont faites en vue d'un service d'intérêt public (2).

81. — La liberté presque illimitée qu'on donne aux fabriques d'une même ville d'exploiter à leur guise souffre cependant quelques restrictions. Il ne peut d'abord y avoir qu'un seul entrepreneur pour la même ville. Deux fabriques, soit qu'elles s'unissent, soit qu'elles agissent chacune isolément, doivent s'entendre pour choisir le même fermier, d'après l'article 14 du décret du 18 mai 1806.

Ainsi encore, quand certaines des églises paroissiales ou succursales d'une ville ont été autorisées par décret à former une régie, un décret postérieur peut les obliger à recevoir dans leur association une église nouvelle de la même ville. Un arrêt du conseil d'Etat a même rejeté le pourvoi contre un décret qui avait ainsi fait entrer dans l'union une église succursale située en dehors de la limite de l'octroi, en se fondant sur

(1) Cassat. 29 juillet 1873. Arrêt précité.
(2) C. de Paris, 3 mai 1881. Fabrique de Paris c. Vafflard. D. P. 81. 2. 193.

cette circonstance que la partie la plus peuplée du territoire de cette paroisse était comprise dans cette limite (1).

82. — Les textes imposent aussi certaines obligations au point de vue de la mise en fermage, qu'il s'agisse, du reste, d'une fabrique agissant isolément ou de plusieurs fabriques réunies. L'article 7 du décret de 1806 exige que l'adjudication se fasse aux enchères, et l'article 15 ajoute : « selon le mode établi par les lois et règlements pour tous les travaux publics ». Mais la jurisprudence interprète cette prescription d'une façon extrêmement large et se refuse à voir dans son inobservation une cause de nullité. Suivant elle, si le décret de 1806 dit que la concession aura lieu aux enchères publiques et qu'à cet effet il sera dressé des tarifs et des tableaux gradués par classes, rien dans la lettre ni dans l'esprit de ce décret n'indique l'intention de faire de ces formalités des conditions absolues de la validité des conventions intervenues entre les fabriques et les entrepreneurs. L'exécution volontaire et l'approbation de l'autorité supérieure couvrent la nullité (2).

83. — Il reste à nous demander quelle est la nature du contrat qui intervient entre la fabrique et le concessionnaire. C'est un point important pour la détermination de la juridiction compétente. Il semble bien résulter de l'article 15 du décret de 1806 qu'on doive l'assimiler à un marché de travaux publics. Mais ce texte ne vise que les rapports de la fabrique et de l'adjudicataire, et l'on a pensé qu'il y aurait témérité à étendre l'assimilation aux cas où le conflit s'élève entre l'adjudicataire et les particuliers avec lesquels celui-ci se trouve

(1) C. d'Etat, 28 janvier 1876. Fabriques de Marseille. D. P. 76. 3. 72.
(2) Cassat. 10 mai 1870. Pompes fun. de Paris. D. P. 71. 1. 10.

en rapport. Après controverse, on a donc fini par admettre la distinction suivante. S'agit-il de litiges entre l'administration et les entrepreneurs, ce sont les conseils de préfecture qui sont compétents ; mais s'il s'agit de procès entre les entrepreneurs et les particuliers, ce sont les tribunaux judiciaires qui statueront, l'action serait-elle fondée sur un quasi-délit ou un délit, comme au cas de concurrence illicite faite par un entrepreneur de pompes funèbres qui aurait exploité à son profit une préparation chimique appartenant à un tiers (1).

Rien de plus juste, au surplus, que cette distinction. Nous admettons ailleurs que la fabrique ne pourrait actionner les particuliers et ne pourrait être poursuivie par eux que devant les tribunaux judiciaires ; on ne saurait faire une condition différente à ses ayants cause. Le caractère mixte du contrat ne saurait donc faire de doute pour nous.

On a cependant contesté à l'article 15 du décret de 1806 la portée que nous lui donnons ici, et l'on a dit que ce n'était pas par la forme des actes, mais par leur objet que se déterminait la compétence respective des tribunaux administratifs et judiciaires. Le texte de l'article nous paraît trop absolu pour qu'on y puisse introduire une pareille restriction. Il y a dans ce contrat quelque chose de plus qu'un simple marché de fournitures, car, ainsi que l'a proclamé la Cour de Paris à propos d'une autre question, il s'agit « d'opérations faites en vue d'un service d'intérêt public (2) ».

Mais, étant donnée la compétence des tribunaux judiciaires, lorsqu'elle existe, il faut encore savoir devant lequel l'entrepreneur devra être assigné. La réponse n'est pas douteuse : il

---

(1) C. de Paris, 6 août 1869. Falcony. D. P. 70. 2. 87. — Serriguy, Organisation et compétence administrative, II, n° 702.

(2) C. de Paris, 3 mai 1881. Arrêt précité.

faut appliquer les règles ordinaires de la compétence. Nous avons refusé de voir des spéculateurs dans les fabriques ; l'adjudicataire au contraire ne poursuit qu'un but de lucre, et son entreprise est purement commerciale. En outre, il paie la patente et peut être déclaré en faillite. C'est donc aux tribunaux de commerce que le droit appartient de connaître des litiges nés à l'occasion des opérations faites par lui avec ses fournisseurs (1).

84. — Nous avons parlé d'un projet de loi qui doit prochainement opérer des transformations importantes dans le régime des fabriques sur le point qui nous occupe, en privant celles-ci d'une des sources les plus fructueuses de leurs revenus.

Nous pénétrerions plus avant dans son économie, et nous étudierions de plus près la distinction qu'il propose entre les fabriques et les communes, si plusieurs des dispositions qu'il contient n'étaient vraisemblablement destinées à subir de sérieuses modifications. Il faut donc nous borner à reproduire le texte de ce projet tel qu'il a été voté une première fois par la Chambre des Députés, le 12 novembre 1883 (2).

---

(1) C. de Paris, 3 mai 1881. Arrêt précité.

(2) ART. 1. — *Le droit attribué aux fabriques et aux consistoires de faire seuls toutes les fournitures nécessaires pour les enterrements et pour la décence ou la pompe des funérailles, cessera d'exister à partir de la promulgation de la présente loi.*

ART. 2. — *Dans le délai de trois mois à partir de cette promulgation, une délibération du conseil municipal, approuvée par le préfet, déterminera, suivant les localités, le mode le plus convenable pour le transport des corps.*

La commune sera tenue de se procurer dans le même délai, par acquisition ou location, le matériel nécessaire à ce transport ou à ces inhumations. Elle aura seule le droit de le fournir. Elle exercera son droit soit directement, soit par entrepreneur ou adjudicataire.

Le Sénat ne l'a point adopté sans y introduire des change-
ments (1). Sur la proposition de la commission, il a substitué

*Les fabriques, consistoires ou établissements religieux ne pourront
pas devenir adjudicataires.*

*Art. 3. — Le matériel fourni par la commune comprendra au
moins un brancard, des draps mortuaires noirs et des draps mortuaires blancs. Il sera le même pour toutes les croyances et ne portera
aucun emblème.*

*Les héritiers ou exécuteurs testamentaires pourront y ajouter, à leurs
frais, tous emblèmes ou ornements qui ne sont pas contraires à la de-
cence des funérailles. Ils pourront de même, dans le cas où ils désire-
raient un matériel d'une autre classe que celui qui sera en usage dans
la commune où aura lieu l'inhumation, s'adresser, pour la fourniture
de ce matériel, à une autre commune, sauf la taxe municipale qui
sera due dans ce cas à la commune où aura lieu l'inhumation, et dont
la taxe sera fixée par le conseil municipal avec approbation du préfet.*

*Art. 4. — Les héritiers ou exécuteurs testamentaires continueront
de pouvoir traiter avec les fabriques ou consistoires pour la fourniture des objets destinés à la célébration des cérémonies du culte dans
les édifices religieux et à la décoration intérieure et extérieure des
églises. Les sommes ainsi perçues par les fabriques recevront l'emploi
prévu à l'article 37 du décret du 30 décembre 1809.*

*Art. 5. — Le tarif applicable aux transports de corps et aux inhu-
mations sera fixé par le conseil municipal, sauf approbation du préfet. Aucune taxe supplémentaire ne pourra être perçue au profit de
la commune ni de son entrepreneur ou adjudicataire pour les sta-
tions ou présentations de corps aux édifices religieux.*

*L'inhumation des indigents sera faite gratuitement et décemment.
Le cercueil sera, en ce cas, délivré gratuitement par la commune.*

*Art. 6. — Sont abrogés les art. 18, 19, 21, 22 à 26 du décret du 23 prai-
rial an XII et le titre III du décret du 18 mai 1806. Sont également abrogés le décret du 18 mars 1811 et les décrets ultérieurs sur l'organisation des pompes funèbres à Paris. Il sera statué par décret rendu
en Conseil d'État, dans le délai de trois mois, sur la nouvelle organisation du service des pompes funèbres à Paris.*

*Art. 7. — Les traités actuellement existant entre les fabriques ou
consistoires et les entrepreneurs ou adjudicataires, resteront en vigueur jusqu'à leur expiration.*

(1) Deuxième délibération sur la proposition de loi relative au monopole des
inhumations. *Journal officiel*, 21 janvier 1886.

au régime du privilège celui du droit commun et de la liberté, contrairement au système de la Chambre des Députés qui remplaçait le monopole par un autre monopole, le transférant purement et simplement des fabriques aux municipalités.

La nouvelle rédaction du projet de loi, œuvre du Sénat, s'inspire en entier de cette considération capitale contenue dans l'article 2 ainsi modifié :

« Toutefois, sur la demande des familles, les fabriques et consistoires, réunis en syndicat ou agissant séparément , pourront continuer à faire le service extérieur et les fournitures des enterrements, sans que leur droit puisse constituer un monopole ».

Les autres articles n'énoncent que les diverses applications de cette disposition. Mentionnons cependant l'article 6 qui accorde aux églises autorisées, non salariées par l'Etat, et aux sociétés constituées régulièrement dans le but spécial de pourvoir aux funérailles de leurs membres, les mêmes droits qu'aux fabriques et aux communes. Enfin, sur l'importante question des traités actuellement existants entre les fabriques ou consistoires et les entrepreneurs ou adjudicataires, la Chambre haute ne s'est pas prononcée, et a renvoyé à la commission l'article 7 du projet de la Chambre des Députés qui s'en occupe.

C'est dans cet état que la loi proposée se trouve présentement soumise au Parlement. Il nous est, en conséquence, impossible d'entrer à ce sujet dans de plus amples considérations.

ARTICLE II.

Privilège des frais funéraires.

85. Difficulté de préciser son objet.
86. Les frais privilégiés doivent être proportionnés à la condition du défunt.
87. Le privilège s'applique-t-il aux dépenses faites pour la construction du tombeau et la concession du terrain ?
88. Comprend-il les frais du deuil de la femme, des enfants et des domestiques ?
89. *Quid* des frais faits pour les proches de l'insolvable ?
90 Le prêteur qui a fait l'avance des frais funéraires n'est pas subrogé au privilège.

85. — Une disposition légale, spéciale aux frais funéraires, nous oblige à nous demander ce que l'on doit comprendre exactement sous cette appellation. L'art. 2101-2° du Code civil dit que les frais funéraires sont l'objet d'un privilège classé au deuxième rang des privilèges généraux sur les meubles. Or les privilèges sont de droit étroit. Quelles sont donc les dépenses faites à l'occasion du décès d'une personne qu'on doit tenir pour privilégiées ?

A prendre à la lettre ce que dit Pothier, la règle aurait bien peu d'étendue. « Le privilège sur le prix des meubles avait été restreint par l'usage au port du corps et à l'ouverture de la fosse, ce que l'on appelait frais funéraires de premier ordre (lesquels ne pouvaient excéder 20 livres) ; le surplus des frais funéraires, qu'on qualifiait de second ordre, ne se payait que par contribution avec les créanciers privilégiés (1). »

Mais l'opinion de Pothier était loin d'être l'opinion com-

(1) Pothier, Traité de procédure civile, part. IV, ch. II, § 2.

mune. Les plus grandes divergences sur ce point régnaient dans l'ancienne jurisprudence (1) : divergences qui se sont reproduites parmi les auteurs modernes. Chacun est d'accord sur ce que le privilège porte sur les dépenses *nécessaires* faites à l'occasion du décès et de la sépulture ; mais la question délicate est précisément de fixer le degré de nécessité. Sans chercher un criterium, au sujet duquel il est difficile de se prononcer d'une manière générale, prenons chaque hypothèse l'une après l'autre.

86. — On considère comme frais privilégiés ce qui est dû au clergé et à l'administration des pompes funèbres pour les funérailles et les cérémonies qui accompagnent l'inhumation. Toutefois les auteurs posent habituellement cette restriction que les déboursés doivent être conformes à la condition du défunt, attendu qu'on ne peut supposer au législateur l'intention d'accorder la faveur du privilège à des dépenses de luxe ou de vanité. Une telle règle existait déjà en droit romain (2) ; elle est d'autant plus équitable que le privilège a pour conséquence d'atteindre les créanciers de la succession plus que les héritiers, leur gage se trouvant ainsi diminué. Ajoutons que par condition du défunt il faut entendre sa situation apparente de fortune, sa position, son rang social, la considération dont il jouit.

Si donc les dépenses réclamées de ce chef sont exagérées, le tribunal pourra les réduire à un certain chiffre, le surplus devant être payé au marc le franc en concours avec la masse des créanciers. Il résulte de là que les personnes représentant

____

(1) Domat, Lois civiles, liv. III, sect. 5, n° 24. — Ferrière, Coutumes de Paris, art. 179, glose unique, § 2, n° 3. — Héricourt, Traité de la vente des immeubles, part. I, ch. 2, n°s 1 et 5.

(2) L. 12, § 5, D. de religiosis et sumptibus funerum.

la fabrique ou toutes autres intervenant dans la réglementation des cérémonies feront bien de prendre quelques informations et d'agir avec circonspection. Dans la pratique, on est trop facilement porté à croire que tout doit être payé par préférence.

87. — Faut-il encore considérer comme privilégiés le prix d'acquisition du terrain destiné à la sépulture et les frais d'érection du tombeau ?

En ce qui concerne ce dernier, nous croyons, avec la majorité des auteurs, qu'il faut distinguer et accorder le privilège s'il ne s'agit que d'élever une tombe modeste, par exemple de dresser une pierre avec l'inscription funéraire. Il y a là en effet comme une règle de décence publique qui exige que le lieu où repose le corps du défunt puisse être facilement retrouvé ; c'est du reste, au point de vue des mœurs, le complément de l'inhumation. On ne devrait point trouver non plus exagérée la dépense qu'entraînerait la substitution d'une simple croix de pierre à une croix de bois plantée en terre et facilement exposée aux rigueurs et à l'action du temps. Ce n'est point là une dépense de vaine prodigalité, et, sans forcer le sens des mots, on peut la faire entrer au nombre des frais funéraires (1).

Quant à l'achat d'un terrain, nous hésiterions à le compter, ainsi que font certains auteurs, parmi les dépenses privilégiées. L'hygiène et les convenances publiques veulent que le décédé soit inhumé d'une manière décente ; mais, d'après l'état des mœurs et de la législation, la concession d'un terrain est, en quelque sorte, une dépense de luxe. S'il était dans les usages

____

(1) Paul Pont, Code civil, t. X. Privilèges et hypothèques, n° 73. — Thézard, Du nantissement et des privilèges et hypothèques, p. 490.

que toute sépulture fût établie de la sorte, si l'inhumation, telle qu'elle est actuellement la règle commune, était au contraire celle réservée aux seuls indigents, nous déciderions sans doute autrement. Mais il n'en est pas ainsi (1).

88. — On discute aussi la question de savoir si les frais du deuil de la femme, des enfants et des domestiques du défunt sont aussi privilégiés. Le point était également controversé dans l'ancien droit. Dans la doctrine moderne, quelques auteurs accordent toujours le privilège. M. Paul Pont a été l'un des plus ardents défenseurs de cette opinion (2). Suivant lui, c'était le système qui prévalait dans la jurisprudence ancienne, malgré les tendances qu'on avait à réduire le privilège des frais funéraires. « Le deuil, dit-il, est, à notre avis, une de ces nécessités que les convenances imposent... C'est par là surtout que les frais de deuil sont de même nature que les frais funéraires en général, parce que, comme ceux-ci, ils ont leur principe dans le décès même du débiteur... Leur refuser le privilège, ce serait priver les créanciers qui en feraient l'avance d'une sécurité sans laquelle ils ne consentiraient peut-être pas à y pourvoir, et par là mettre la famille dans la position de ne pouvoir satisfaire à l'obligation que les lois sociales imposent ».

Quelques-uns distinguent et accordent le privilège pour le deuil de la femme et des enfants, tandis qu'ils le refusent pour celui des domestiques (3). D'autres enfin se prononcent suivant qu'il est d'usage ou non, dans le pays, que la femme assiste aux funérailles (4).

(1) Aubry et Rau, tome III, § 260-3° — V. infrà, n° 142.
(2) Paul Pont, loc. cit.
(3) Duranton, Droit civil, t. XIX, n° 48.
(4) Mourlon, Examen critique du traité des privilèges de Troplong, n° 70.

Pour nous, nous écartons le privilège dans tous les cas. La loi s'est occupée ailleurs du deuil de la femme ; elle l'a protégé d'une façon spéciale en le garantissant par l'hypothèque légale (art. 1481 et 1570 C. civ.). L'hypothèque ne venant en rang qu'après les privilèges de l'article 2101, c'est la meilleure preuve que le législateur n'a pas voulu mieux faire. Il est impossible, d'autre part, d'attribuer sur ce point aux enfants et aux domestiques un sort différent de celui de la veuve. Ce serait, du reste, dénaturer le sens des termes « frais funéraires » que d'y comprendre les dépenses du deuil, car nous sommes en matière de privilège, c'est-à-dire en présence de dispositions qu'il faut interpréter restrictivement ; quelques arrêts des cours d'appel ont cependant statué d'une manière différente (1).

89. — Ce que nous avons dit jusqu'ici du privilège doit s'entendre non seulement des frais faits pour l'insolvable défunt, mais encore de ceux faits par un insolvable en faillite ou en déconfiture à l'occasion du décès de certaines personnes qui lui touchent de près. La loi ne précise pas, mais son esprit parle pour son texte. Celui-ci s'appuie sur une raison de décence et d'hygiène publiques ; or, cette raison existe indistinctement, qu'il s'agisse du débiteur, de son fils ou de son conjoint. Sur ce premier point, tout le monde est d'accord. Mais on hésite sur la limite qu'il faut établir. Certains auteurs ont proposé le criterium suivant : admettre au privilège tous les frais faits pour les personnes de la famille du débiteur qui habitent ordinairement avec lui. Il nous paraît plus juri-

(1) C. d'Agen, 28 août 1834. Gasc. Sirey. 35. 2. 426. — C. de Caen, 15 juillet 1836. Forfait. Sirey. 37. 2. 229. — Cf. Aubry et Rau, III, § 260-2°. — Thézard, loc. cit. — Laurent, Droit civil, t. XXIX, n° 358.

dique d'adopter la règle qui tend à prévaloir et qui assimile au débiteur lui-même les personnes à l'égard desquelles il était tenu de la dette alimentaire. Cette distinction est un peu arbitraire sans doute, mais elle ne l'est pas plus que celle qui exclut le père ou l'enfant du débiteur, quand ils n'habitent pas avec lui.

90. — On s'est demandé si celui qui avait fait l'avance des frais funéraires était subrogé au privilège du créancier de ces frais, de telle sorte que, se retournant vers le patrimoine du débiteur, il puisse demander à être payé par préférence de ses déboursés. Les premiers commentateurs du Code civil ont cru pouvoir résoudre affirmativement la question (1). Ils ont invoqué surtout deux arguments. L'un est tiré de l'ancien droit dans lequel cette subrogation existait. L'autre s'inspire de cette considération que les objets déclarés par la loi insaisissables peuvent être saisis soit par ceux dont la créance a pour cause une fourniture d'aliments, soit par les vendeurs ou fabricants de ces objets pour le prix de vente ou de fabrication, soit par ceux qui ont prêté pour acheter, faire fabriquer et réparer lesdits objets (C. procéd. civ. art. 593). Or la créance des tiers qui ont prêté pour payer les frais funéraires ou qui les ont directement payés est plus favorable que celles de ceux qui ont prêté pour acheter, faire fabriquer ou réparer les objets que la loi veut conserver au débiteur.

M. Mourlon a victorieusement réfuté ces arguments que nul n'a repris depuis lui (2). Son raisonnement est très simple. En matière de privilèges tout est de droit étroit. Les argu-

---

(1) Delvincourt, t. III, p. 270, n. 2. — Duranton, XIX, 51. — Troplong, 136 bis.

(2) Mourlon, Examen critique du traité des privilèges de Troplong, I, nᵒ 77. — Paul Pont, nᵒ 74.

ments d'analogie, fussent-ils même des arguments *a fortiori*, comme dans le cas présent, sont de peu de poids. Il n'y a pas de privilège sans texte, voilà la règle absolue ; et sur ce point, toute concession est impossible. Pour ce qui est de l'ancien droit, il est à observer d'abord que la règle « pas de privilège sans texte » n'y existait pas. Au contraire, il dépendait du juge de proclamer telle ou telle créance privilégiée, souvent suivant les cas. On remarquera en outre que Renusson, dont M. Troplong se prévaut surtout, suppose un tiers qui était contraint *necessitate juris*, parce qu'il avait ordonné lui-même qu'on appelât le médecin près du malade et qu'il s'était constitué garant du paiement. Nous n'hésiterions pas, dans ce cas particulier, à admettre la subrogation. Ce tiers, s'étant porté garant, s'est obligé avec le débiteur; il se trouvera, après avoir payé, dans la situation prévue par l'article 1251-3° C. civ., qui subroge celui qui a payé ce dont il était tenu avec d'autres ou pour d'autres.

Mais, en dehors de cette hypothèse, celui qui a avancé des fonds à titre de prêt, sans se faire subroger, ne peut être qu'un créancier ordinaire venant au marc le franc.

DEUXIÈME PARTIE

DES INHUMATIONS

CHAPITRE I.

DES INHUMATIONS DANS LE CIMETIÈRE COMMUNAL (1).

ARTICLE I.

Conditions légales d'établissement du cimetière communal.

91. Principe de l'éloignement des lieux de sépulture.
92. Dispositions du décret du 23 prairial an XII quant à la distance. S'appliquaient-elles aux communes rurales ?
93. Leur extension consacrée par l'ordonnance du 6 décembre 1843.
94. Impossibilité d'agrandir un cimetière qui ne se trouverait pas à la distance légale.
95. Mesure et base de cette distance.
96. Situation du terrain.
97. Les fosses : leurs dimensions, leurs distances respectives. Monuments funéraires. Fosses communes.
98. Étendue du cimetière. Réouverture des fosses.

91. — Le régime actuel des cimetières procède d'une réforme qui s'opéra lentement dans l'ancien droit. Nous la

---

(1) Le lieu de sépulture ordinaire et normal est le cimetière de la commune. Momentanément cette hypothèse sera la seule dont nous nous occuperons; nous verrons ultérieurement sous quelles réserves la loi autorise les inhumations dans la propriété privée, et comment elles sont interdites d'une manière presque générale dans les églises ou les hôpitaux.

trouvons formulée d'une manière à peu près complète dans l'arrêt de règlement du Parlement de Paris du 21 mai 1765 (1), et dans la déclaration royale du 10 mars 1776 (2). Le décret de prairial lui a donné sa forme définitive et consacre le principe de l'éloignement des cimetières dans un intérêt de salubrité publique.

92. — A vrai dire, le décret de prairial ne visait que les cimetières dépendant des villes ou des bourgs. L'article 2 est ainsi conçu: « Il y aura hors de chacune des villes ou bourgs, à la distance de 35 à 40 mètres de leur enceinte, des terrains entièrement consacrés à l'inhumation des morts. » Les communes rurales n'y sont point désignées. Cette omission a-t-elle été volontaire ? Elle se fait d'autant plus remarquer en tous cas que la déclaration du 10 mars 1776 avait rendu obligatoire la translation des cimetières pour toutes les communes sans distinction. La différence, croyons-nous, n'a point été voulue par le décret de l'an XII, dont l'unique but, d'après le rapport fait au conseil d'Etat, était de grouper en un seul les divers documents législatifs précédents. Ne pourrait-on pas néanmoins trouver à cette distinction un fondement en raison ? Il est certain que l'intérêt d'éloigner les sépultures apparaît beaucoup moins quand il s'agit de cimetières de villages que quand on est en présence d'agglomérations urbaines, où les conditions de l'hygiène sont toutes autres. Le Christianisme, dans une pensée de foi très salutaire, avait

---

(1) Cet arrêt était intervenu à propos des conditions défavorables où se trouvaient les habitations voisines du cimetière des Innocents. (V. cet arrêt et son commentaire dans Denisart, Collect. de Déc. Nouv. t. IV, v° Cimetières.)

(2) Elle étendait à tout le royaume les mesures prises le 23 mars 1775 par l'archevêque de Toulouse, dans un mandement célèbre que le Parlement de cette ville avait aussitôt homologué.

placé le champ de repos auprès de l'église : en favorisant
ainsi le culte des morts, il mêlait à l'existence des vivants le
souvenir constant de ceux qui ne sont plus, et cette tradition
s'était pieusement conservée. La population des villages s'est-
elle tellement accrue, la science a-t-elle reconnu de tels
dangers dans la pratique des anciens usages qu'avec le pro
grès de la civilisation, le besoin de la modifier se soit justement imposé ?

Cette question complexe n'est point de notre domaine, et
nous n'avons pas à la discuter. Constatons seulement que,
sous l'empire de la législation de prairial, les communes rurales étaient encore parfaitement libres de conserver leurs cimetières tels qu'ils avaient été autrefois établis. C'est ce que
nous trouvons très nettement exposé dans une circulaire à la
date du 26 thermidor an XII (1). Le décret de prairial obli-
geait donc les seules agglomérations urbaines. Pour distinguer pratiquement les villes ou bourgs des villages, il fallait
avoir égard à leur degré d'importance et au chiffre de leur population. C'était une pure question de fait que décidait chaque fois l'administration, sauf recours au conseil d'Etat.

93. — Cependant la tendance à généraliser les termes du
décret s'accentuait peu à peu ; et maintes fois l'administration, désireuse de l'appliquer sans exception, s'était heurtée
au refus justifié des communes rurales. C'est alors
qu'intervint l'ordonnance du 6 décembre 1843. Les conseils
généraux, consultés par le ministre de l'intérieur, avaient été
d'avis, en grand nombre, que le décret de prairial devait être
étendu à toutes les communes ; quelques-uns toutefois
émirent l'opinion qu'il ne serait bon de l'appliquer qu'aux

(1) Journal des Communes, t. XIII, p. 308.

commues comptant plus de 300 âmes. L'ordonnance
ne distingua point, et ainsi elle trancha les causes d'incertitude qui s'étaient présentées relativement à l'application de la mesure prescrite par le décret de prairial. Il y a
cependant encore une différence entre ces deux documents,
mais plutôt théorique que pratique. Pour les villes et les
bourgs, l'obligation de transférer les cimetières est de rigueur,
d'après le décret de prairial ; pour les villages, elle dépend
du vouloir de l'administration, qui peut à son gré l'imposer
sans y être tenue, suivant l'article 1er de l'ordonnance de 1843.
Distinction surtout théorique, disons-nous, car le préfet a
toujours, dans les deux cas, le pouvoir d'obliger le conseil
municipal à la translation. Désormais donc, il n'y a plus lieu
de faire une différence entre les bourgs et villes d'une part et
les villages de l'autre. Notons seulement, en terminant sur ce
point, que nombre de communes rurales ne se sont pas encore
conformées aux dispositions sus-énoncées et ont gardé leurs
anciens cimetières.

94. — L'administration tolère cet état de choses, mais elle
ne peut permettre d'agrandir un cimetière qui se trouverait
ainsi en dehors des règles exigées par la loi. Il y aurait, de
sa part, excès de pouvoir. Il serait donc impossible d'agrandir un cimetière qui serait situé à moins de 35 ou 40
mètres des maisons d'habitation; la chose serait faisable
cependant, si, à la suite de cet agrandissement, on désaffectait la partie du cimetière se trouvant jusque-là dans une
situation illégale, de telle sorte que, dans son ensemble, il arrivât à être établi conformément à la loi.

95. — La distance réglementaire entre les lieux de sépulture et les agglomérations d'habitations est fixée, avons-nous dit, à un minimum de 35 à 40 mètres, qu'il s'agisse de l'établissement ou de l'agrandissement des cimetières. Pour compter cette distance, il n'y a point de difficultés si la ville est entourée d'un mur de clôture. Mais ce cas, très rare même pour une cité, ne se présentera jamais pour un bourg ou un village dont, en fait, il sera difficile de déterminer ce qui en constitue l'enceinte. La jurisprudence, entièrement fixée sur ce point, décide qu'il faut prendre la distance à partir, non point des maisons isolées, mais du périmètre extérieur des habitations groupées, ou des jardins ou enclos qui leur font suite immédiate (1). La prohibition d'établir ou d'agrandir le cimetière n'est pas applicable lorsqu'il s'agit d'enclos considérables en partie affectés à une exploitation agricole, car on ne peut pas dire qu'ils font partie intégrante des habitations (2).

96. — La distance à observer entre les cimetières et les lieux d'habitation n'est pas la seule condition requise par les textes que nous étudions. L'intérêt de l'hygiène leur fait encore recommander de choisir de préférence, pour l'emplacement des cimetières, « les terrains les plus élevés et au nord » (3). Il ne faut point toutefois voir là une obligation rigoureuse, mais un important conseil pour les cas habituels: en faire une règle absolue serait donner un sens inexact à l'art. 3 du décret de prairial. D'autres considérations en effet peuvent à bon droit influer sur le choix de l'emplacement du cimetière. Signalons, par exemple, la nécessité de lui ménager

---

(1) C. d'Etat, 16 janvier 1856. Renout. D. P. 56. 3. 43. — 4 avril 1861. Bayne. D. P. 62. 3. 1. — 28 mai 1866. D. P. Blondeau. 67. 3. 39. — 7 janvier 1869. Riom. D. P. 70. 3. 6. — 16 avril 1880. Dantier. D. P. 81. 3. 10. — 23 décembre 1881. Jugy. D. P. 83. 3. 38.

(2) C. d'Etat, 21 janvier 1869. Lesbros. D. P. 72. 3. 12. — 2 juillet 1875. Olivier. D. P. 76. 3. 30. — 13 avril 1881. Lallouette. D. P. 82. 3. 84.

(3) Décret du 23 prairial an XII, art. 3.

un abord facile, sans parler des différentes circonstances où pratiquement il sera impossible de tenir compte de la recommandation dont nous parlons. Le texte de l'art. 3 n'est point impératif, et il est justement interprété par la circulaire du ministre de l'intérieur, accompagnant l'ordonnance du 6 décembre 1843, quand elle dit : « Les termes du décret de prairial ne signifient pas toutefois qu'en cas d'obstacles provenant de la disposition des localités, on ne puisse, à défaut d'autre, choisir un emplacement situé dans des conditions différentes. »

97. — Poursuivons l'énumération des conditions voulues pour assurer aux morts dans le cimetière une sépulture régulière. Chaque inhumation, dit le décret de prairial, aura lieu dans une fosse séparée, qui doit avoir un mètre cinq décimètres à deux mètres de profondeur sur huit décimètres de largeur, et sera remplie de terre bien foulée. Les fosses seront distantes les unes des autres de trois à quatre décimètres sur les côtés et de trois à cinq décimètres à la tête et aux pieds (art. 4 et 5). Elles seront creusées par le jardinier-terrassier-entrepreneur, suivant le tarif accepté par lui (règlement du 10 avril 1827, art. 8, 13, 15) ; il en sera de même pour toutes les fouilles nécessaires aux fondations des monuments et à l'établissement des caveaux funéraires. Quant à l'érection du tombeau lui-même, chaque famille peut à son gré choisir son entrepreneur, qui sera soumis néanmoins à la surveillance du concierge ; les familles, dans ce cas, seront responsables des éboulements qui pourraient se produire (art. 9 du règlement).

Par les dispositions précédentes, le décret de prairial supprime l'usage, trop fréquent jusque-là, des inhumations dans les fosses communes. Cependant le nombre des décès dans les grandes villes, et spécialement à Paris, ne permet pas toujours de donner à chaque cadavre une sépulture isolée. On procède alors à l'inhumation par tranchées dans de grandes fosses où les cercueils sont placés les uns à côté des autres. Chaque tranchée est séparée par un intervalle de cinquante centimètres. Les familles mettent en ce cas, sur le cercueil même, les signes funéraires dont elles veulent honorer le mort.

98. — Le décret de prairial, toujours dans le même but d'utilité pour la salubrité publique, prescrit une autre règle qui écarte le danger que présenterait le renouvellement trop rapproché des fosses. Il stipule que la réouverture des fosses pour nouvelles sépultures ne doit avoir lieu qu'après cinq années à partir de l'époque où le corps a été inhumé. Comme conséquence de ce principe, ajoute-t-il, les terrains destinés à former le cimetière doivent être cinq fois plus étendus que l'espace nécessaire pour y déposer le nombre présumé des morts qui peuvent y être enterrés chaque année. (Art. 6.)

ARTICLE II.

Rôle de l'autorité préfectorale.

§ I. — *Comment il lui est dévolu.*

99. Décentralisation au profit du préfet, en cas de résistance de l'administration communale.
100. Contestation préalable de l'utilité de la mesure.
101. Arrêté du préfet. Il peut contenir accessoirement des dispositions provisoires.
102. Mais la translation ou l'établissement du cimetière auront toujours le caractère définitif.
103. Voies de recours contre cet arrêté.
104. Simple homologation en cas d'initiative du conseil municipal.

99. — Une fois ces règles générales connues, recherchons l'autorité compétente pour les appliquer et les faire respecter.

Qui sera donc juge de la nécessité de la translation, de l'établissement ou de l'agrandissement du cimetière? Qui l'ordonnera? Et qui connaîtra de toutes les questions et difficultés pouvant s'élever à ce sujet?

Le conseil d'Etat avait décidé que lorsqu'une commune urbaine refusait de se conformer aux dispositions du décret de prairial, le droit de l'y contraindre appartenait au roi (1). Quand intervint la règle de décentralisation posée dans la loi du 18 juillet 1837, les préfets héritèrent de cette compétence ; ils reçurent donc le pouvoir de traiter directement la question et de s'occuper eux-mêmes de la translation du cimetière, si le maire, mis en demeure, se refusait à appliquer le décret dans sa commune (2).

Enfin l'ordonnance de 1843, par les termes très généraux de son article 1er, donne, en cette matière, aux préfets qui reconnaissent la nécessité de la translation, un pouvoir entier et discrétionnaire pour l'opérer, malgré les résistances de l'administration communale.

Remarquons que l'article 1er de notre ordonnance fait échec au principe reconnu par la loi de 1837 et non contredit par les lois plus récentes, à savoir que les communes ont le droit de ne pas faire, sans avoir le droit de faire. Ici le droit même de ne pas faire est enlevé à la commune ; elle ne peut s'opposer à l'intervention directe du préfet. Celui-ci est obligé, sans doute, de consulter le conseil municipal; mais il n'est nullement tenu de se conformer à son avis: la décision lui appartient, et il a le droit d'initiative.

100. —Cependant, avant de prendre l'arrêté ordonnant la

(1) C. d'Etat, 10 janvier 1827. Com. de Limalonge c. Brothier. D. P. 27. 3. 40. — 14 septembre 1830. Com. de Taraine. D. P. 23. 3. 20.

(2) Circulaire du 20 juillet 1841. Bulletin du ministère de l'intérieur, p. 259.

translation, il devra faire constater l'utilité de la mesure « par des hommes de l'art », dit la circulaire du 30 décembre 1843. Dans un rapport circonstancié, ils apprécieront « les dangers ou les inconvénients qui résultent soit de la situation topographique, soit de l'insuffisance d'étendue, soit de la nature du sol du cimetière ou de toute autre cause ». Ce rapport sera soumis au conseil municipal, qui fera les observations qu'il jugera devoir faire, et le préfet prendra ensuite son arrêté.

101. — Cet arrêté, en même temps que l'ordre de translation, pourra contenir des dispositions d'un caractère provisoire, ayant précisément pour but de faciliter cette translation. C'est ainsi que le conseil d'Etat a décidé que le préfet peut permettre de continuer les inhumations dans les terrains concédés de l'ancien cimetière, jusqu'au complet établissement du nouveau (1).

102. — Mais la translation elle-même ne pourra jamais avoir lieu à titre provisoire. L'établissement d'un cimetière, en effet, est une opération essentiellement définitive. L'administration ne peut prendre possession du terrain destiné à le former qu'après cession amiable ou expropriation. D'ailleurs, le respect dû aux morts ne permet pas d'admettre que le préfet, en autorisant à inhumer dans une propriété, ait entendu réserver au propriétaire le droit de faire enlever tous les corps, dans le cas où l'expropriation ne serait pas ultérieurement prononcée (2).

103. — L'arrêté du préfet émane du pouvoir discrétionnaire que nous lui avons reconnu dans la matière. Il n'est donc pas susceptible d'être attaqué par la voie contentieuse. Mais

---

(1) C. d'Etat, 17 juin 1881. Davaine. D. P. 82. 3. 113.
(2) Id., 3 janv. 1873. De Bussière. D. P. 73. 3. 60.

la voie gracieuse demeure toujours ouverte. En outre, s'il y a eu violation des formalités essentielles : par exemple, si le conseil municipal n'a pas été consulté, les intéressés, et particulièrement le conseil, pourront exercer le recours pour excès de pouvoir. Il en serait encore de même si le préfet, dans l'espèce, s'était inspiré de considérations étrangères au débat, politiques ou autres, questions le plus souvent difficiles à préciser.

104. — Si le conseil municipal avait pris lui-même l'initiative et demandé le premier la translation, le préfet n'aurait qu'à homologuer sa décision en prenant un arrêté conforme.

Nous allons maintenant étudier le rôle de l'autorité préfectorale dans le choix et l'acquisition du terrain destiné à devenir le cimetière.

§ II. — *Choix du terrain.*

105. — C'est le préfet qui le détermine. Mais, avant l'intervention de ce fonctionnaire, deux formalités sont exigées :

1° La désignation de l'emplacement d'un nouveau cimetière doit être précédée d'une enquête *de commodo et incommodo*, qui, aux termes de la circulaire du 30 décembre 1843, portera uniquement sur cette désignation et sera soumise aux formes ordinaires prescrites pour les enquêtes par la circulaire du 20 août 1825.

2° L'avis du conseil municipal doit toujours être demandé. Ce sont là deux points rigoureusement requis. On a l'habitude, dans la pratique, de consulter aussi le sous-préfet et le conseil de fabrique ; mais cela n'est pas essentiel.

106. — Ces préliminaires accomplis, le préfet prendra un nouvel arrêté, le second par conséquent dans l'ordre des opérations administratives que nous étudions. Là encore il peut se trouver en opposition ou d'accord avec le conseil municipal. Au dernier cas, il n'aurait qu'à approuver la délibération du conseil ; il lui est même recommandé, par une circulaire ministérielle (1), d'adopter autant que possible le choix fait par les représentants de la commune, lorsque le terrain réunit les conditions requises que nous avons examinées.

107. — Comme le premier arrêté ordonnant la suppression du cimetière, celui-ci constitue un acte administratif qui n'est point attaquable par la voie contentieuse, et pour les mêmes raisons (2). Mais, comme lui encore, il est réformable par la voie gracieuse, et susceptible de recours pour excès de pouvoir, lorsque les formalités légales auront été transgressées, c'est-à-dire quand l'enquête n'aura pas eu lieu, ou que le conseil municipal n'aura pas été consulté. On pourra encore exercer le recours pour excès de pouvoir, en cas de violation des règles strictes posées pour l'établissement régulier des nouveaux cimetières : lorsque, par exemple, le terrain choisi par le préfet est distant de moins de 35 mètres de l'agglomération des maisons d'habitation, ou encore lorsqu'il est d'une étendue telle qu'il ne pourrait contenir cinq fois le nombre des morts que la commune est présumée y déposer chaque année (3).

---

(1) Journal de droit administratif 1865, p. 362.

(2) C. d'Etat, 10 janv. 1827, 14 septembre 1830. Arrêts précités. — 8 novembre 1833. Aff. Gipier.

(3) C. d'État, 13 novembre 1835. Ville de Marseille c. Roux et Debourges. D. P. 36. 3. 54.

Le recours sera formé par les intéressés, c'est-à-dire par la commune, si elle se croit en droit d'agir ; ou encore, par les propriétaires avoisinants à qui l'établissement de nouveaux cimetières impose les servitudes que nous étudierons. Il peut même l'être, d'après une décision du conseil d'État (1), par les habitants de la commune, agissant en leur nom personnel, comme étant directement intéressés à ce que les sépultures de leurs parents ne soient pas illégalement troublées.

108. — Le terrain destiné à devenir le cimetière sera habituellement pris dans la commune. Rien ne s'oppose cependant à ce qu'il dépende d'une commune voisine, si les circonstances l'exigent. Le fait se présentera, par exemple, pour une grande ville dont le mur d'enceinte peut être contigu à une commune voisine. L'administration jugera s'il est opportun d'autoriser cette mesure, et sa décision ne sera point attaquable pour excès de pouvoir (2).

§ III. — *Acquisition du terrain.*

109. I. Cession amiable. Règles ordinaires des acquisitions communales. Double hypothèse.
110. II. Expropriation. Difficultés d'apprécier l'utilité publique. Enquête préalable.
111. Loi du 7 avril 1873 sur les tombes des soldats morts pendant la guerre franco-allemande.
112. Le maire représente la commune dans l'acte d'acquisition ; à son défaut, le préfet.
113. Cas où la commune est déjà propriétaire du terrain.
114. Différentes opérations d'aménagement du cimetière. Caractère de travaux publics.

Le terrain peut être vendu à l'amiable ou exproprié, sui-

(1) C. d'État, 13 décembre 1878. Anty. D. P. 79. 3. 35.
(2) Id. 29 mai 1867. Com. d'Oissery. D. P. 68. 3. 81. — 4 décembre 1874. Com. de Villemoutiers. D. P. 75. 3. 85.

vant que le propriétaire consent ou non à l'aliénation. — Examinons les deux hypothèses.

109. — I. *Vente amiable.*

On se conformera aux règles générales posées par les lois municipales du 18 juillet 1837 et du 5 avril 1884. Ces règles varient selon que le conseil municipal a voté la dépense ou s'y est refusé. Nous les donnons sans commentaires, et sans les comparer aux dispositions abrogées de la loi du 24 juillet 1867.

A. — Le conseil municipal a inscrit la dépense à son budget. Le maire passera l'acte d'acquisition. La délibération du conseil municipal sera soumise à l'approbation préfectorale, aux termes de la loi du 5 avril 1884 (1), « quand la dépense, totalisée avec celle de même nature pendant l'exercice courant, dépasse les limites des ressources ordinaires et extraordinaires que les communes peuvent se créer sans autorisation spéciale ».

B. — Le conseil municipal n'alloue pas les fonds exigés pour cette dépense obligatoire, ou n'alloue qu'une somme insuffisante. Il sera mis en demeure de prendre une nouvelle délibération à ce sujet. Cette formalité remplie, « l'allocation sera inscrite au budget de la commune par décret du président de la République pour les communes dont le revenu est de 2 millions et au-dessus, ou par arrêté du préfet en conseil de préfecture pour celles dont le revenu est inférieur » (2).

Le même article 149 de la loi du 5 avril 1884, reproduisant l'article 39 *in fine* de la loi du 18 juillet 1837, ajoute : « Si les

(1) Art. 68-3°.
(2) Art. 149.

ressources de la commune sont insuffisantes pour subvenir aux dépenses obligatoires inscrites d'office, il y est pourvu par le conseil municipal, ou, en cas de refus de sa part, au moyen d'une contribution extraordinaire établie d'office par un décret, si la contribution extraordinaire n'excède pas le maximum à fixer annuellement par la loi de finances, et par une loi spéciale, si la contribution doit excéder ce maximum ».

On suivra donc sans exception les règles qui régissent les acquisitions communales. Nous précisons particulièrement ce point parce qu'il n'en a pas toujours été ainsi. Le décret de prairial, dans le but de favoriser la translation des cimetières, décidait que , pour l'acquisition des terrains , il suffisait de l'autorisation générale donnée par la déclaration de 1776. Depuis la loi de 1837, cette législation exceptionnelle a disparu : désormais le droit commun est appliqué, et la loi municipale du 5 avril 1884 consacre ce principe.

110. — II. *Expropriation.*

Si le propriétaire ne consent pas à céder son terrain à l'amiable, il faudra recourir à l'expropriation pour cause d'utilité publique. La circulaire qui accompagne l'ordonnance du 30 décembre 1843, prescrit toutefois de n'employer ce moyen qu'avec une extrême réserve, et seulement s'il est absolument impossible d'acheter amiablement dans la commune un autre terrain propre aux inhumations. Il sera souvent difficile de déterminer les hypothèses dans lesquelles il y aura utilité publique. Le conseil d'Etat a jugé, par exemple, que le principe de l'expropriation s'appliquait non seulement au cas d'établissement d'un nouveau cimetière, mais encore au cas d'agrandissement (1). Sa jurisprudence a varié dans l'hypothèse où cet agrandissement aurait plutôt pour but la facilité d'accroître le nombre des concessions que la nécessité de satisfaire à la règle concernant l'étendue du cimetière posée dans l'article 6 du décret de prairial. Il avait d'abord décidé que le principe de l'expropriation ne pouvait être appliqué (2) ; puis il s'est prononcé pour l'affirmative (3), jugeant, avec raison selon nous, que les concessions ne doivent pas être regardées exclusivement comme une source de revenus pour la commune, mais qu'elles fournissent aux familles le moyen d'accomplir plus complètement le devoir de la sépulture envers leurs membres.

L'utilité publique sera déclarée par un décret que précédera une enquête ; et la procédure ordinaire de l'expropriation suivra ensuite son cours. L'enquête dont il s'agit porte exclusivement sur l'utilité publique de ce travail communal (4) ; elle ne doit point se confondre avec l'enquête *de commodo et incommodo* qui intervient lors de la désignation du terrain, et qui suit les règles que nous avons indiquées.

111. — Rattachons à ce point une loi du 7 avril 1873, votée sans discussion par l'Assemblée nationale, relative à la conservation des tombes des soldats morts pendant la dernière guerre (5). Entre autres dispositions, elle autorise l'Etat à acquérir, par voie d'expropriation pour cause d'utilité publi-

---

(1) C. d'Etat, 13 juillet 1825. D. A. v° Culte, n° 793.
(2) Id. 21 juillet 1835 et 22 janvier 1836, id.
(3) Id. 13 avril 1836, id.
(4) Ordonnance du 23 août 1835.
(5) V. l'analyse de cette loi dans la Revue générale d'administration, 1879, t. II, p. 177.

que, les terrains non clos situés en dehors des cimetières, dans lesquels se trouvent une ou plusieurs tombes militaires, et les terrains nécessaires pour les exhumations et les chemins d'accès. Les terrains à acquérir, dit cette loi, et les terrains occupés temporairement jusqu'aux exhumations, qui ne pourront avoir lieu qu'après un délai de cinq années, seront désignés, après enquête, par des arrêtés du préfet, approuvés par le ministre de l'intérieur (art. 2). On suivra la procédure ordinaire de l'expropriation, réglée par la loi du 3 mai 1841, avec cette différence importante, toutefois, que les indemnités seront déterminées par le petit jury d'expropriation, conformément à la loi du 21 mai 1836. C'est là un des cas particuliers réservés à la compétence du petit jury (1).

112. — Le maire étant le représentant de la commune dans tous les actes de sa vie civile, c'est lui qui passera l'acte d'acquisition ou paraîtra aux opérations de l'expropriation. Qu'arriverait-il s'il se dérobait à ce devoir? Le préfet, après l'en avoir requis, le remplacera et jouera d'office le rôle qu'il aurait dû remplir. Il est inutile d'ajouter qu'en outre le préfet a vis-à-vis du maire le droit de révocation ou de suspension (2).

113. — Jusqu'ici nous nous sommes placé dans l'hypothèse où la commune est obligée de se procurer l'emplacement du cimetière, soit par voie amiable, soit par voie d'expropriation. Mais si déjà elle en est elle-même propriétaire, les choses sont bien simplifiées. Une délibération du conseil municipal suffit pour affecter le terrain à sa nouvelle

(1) Ducrocq, Cours de Dr. adm., 6ᵉ édit. t. II, nᵒ 846.
(2) Art. 85 et 86 de la loi du 5 avril 1884.

destination. Si le conseil s'y oppose, un arrêté préfectoral interviendra, qui vaincra sa résistance.

114. — Lorsqu'à la suite des différentes phases que nous venons d'énumérer, le terrain est définitivement destiné à la sépulture des morts, il reste à le rendre propre à cet usage. Pour cela, différents travaux sont nécessaires: travaux de terrassement, de nivellement, de maçonnerie. D'après les termes du décret de prairial, les cimetières doivent être entourés de murs de clôture, ayant au moins deux mètres de hauteur, murs qui, par une tolérance de l'administration et non en vertu d'un droit de la commune, peuvent être remplacés par des haies vives bien entretenues, dans les localités où la dépense pour la construction et la conservation de ces murs serait trop considérable.

Le même décret recommande de planter d'arbres les terrains publics affectés aux sépultures, dans un but à la fois d'ornementation et de salubrité. Ces différentes opérations d'aménagement font partie des dépenses obligatoires de la commune : le maire en aura la surveillance, ou le préfet, au cas où, comme nous l'avons vu précédemment, il substituerait son autorité à celle du maire.

Les travaux de terrassement et de maçonnerie dont nous venons de parler, de même que ceux d'agrandissement et d'exhaussement du cimetière, ont le caractère de travaux publics ; par suite, c'est à l'autorité administrative qu'il appartiendrait de prononcer sur les contestations qui pourraient s'élever à propos de leur exécution ou de leur payement, entre l'entrepreneur et l'administration communale (1).

(1) Trib. des conflits, 3 juillet 1850. Manuel. D. P. 51. 3. 19. — C. d Etat, 30 juin 1853. Lambert, D. P. 54. 3. 12.

ARTICLE III.

Désaffectation du cimetière.

115. — Les terrains communaux affectés aux sépultures ne conservent pas forcément cette perpétuelle destination, et l'autorité préfectorale qui les a établis ou transférés peut en prononcer la désaffectation. Nous sommes loin de la théorie romaine qui marquait d'un caractère indélébile d'inaliénabilité le lieu religieux tant que le cadavre y était déposé. Le décret de prairial a cherché à concilier les devoirs de respect envers les morts et les mobiles de la salubrité publique avec l'intérêt de l'agriculture et de la circulation des biens. Dans ce but, il a décidé que les cimetières supprimés demeureraient pendant cinq années dans l'état où ils se trouvaient au jour de la désaffectation. Défense est faite dès lors de procéder à de nouvelles inhumations ; le maire, en vertu de son droit de police, doit veiller à ce que le sol ne subisse aucune modification. Une fois ce laps de temps écoulé, le terrain pourra être ensemencé et planté. C'est aussi à partir de ce moment que les pierres tombales, grilles, croix, débris de monuments, etc., pourront être enlevés par les soins du maire.

116. — On s'est posé la question de savoir à qui appartiennent ces objets. Quelques-uns ont voulu les assimiler aux produits spontanés du sol, et les attribuaient en conséquence aux fabriques, avant la réforme de la loi municipale du 5 avril 1884 qui déclare les communes désormais propriétaires de tous les produits sans distinction.

D'autres ont revendiqué le droit de propriété pour la commune en invoquant le brocart : « *accessorium sequitur principale* ».

Observons qu'en réalité, ces objets ne sont la propriété ni de la commune ni de la fabrique. Ils ont été placés dans le cimetière par les soins des familles, à qui ils devront être remis si elles les réclament ; autrement, on doit les considérer comme des biens vacants et sans maître, et en conséquence les attribuer à l'Etat. En fait, l'administration prévient les familles, par les moyens ordinaires de publicité, qu'elles aient à enlever ces matériaux, et l'Etat n'en prend possession qu'après un nouvel avis et une année révolue à compter du jour du premier avertissement.

La circulaire ministérielle du 30 décembre 1843 décide que, vu le peu d'importance de ces objets, ils sont abandonnés aux communes pour l'entretien et l'amélioration des cimetières. Les convenances ne permettent pas qu'ils soient vendus par la commune pour être employés à un autre usage.

117. — Nous avons dit que le terrain pourrait être ensemencé et planté cinq ans après la fermeture du cimetière. Que faut-il décider par rapport aux fouilles et autres travaux qui obligent à creuser plus profondément le sol ? L'administration les autorisera ou les interdira, suivant les cas. La permission devra toujours lui être demandée.

118. — En ce qui concerne le droit de disposer à titre onéreux du terrain, de le vendre ou de l'affermer, il appartient au maire, dès la fermeture du cimetière, croyons-nous, pourvu que les prescriptions précédentes, édictées pour sauvegarder la décence et la salubrité, soient observées. Décider autrement serait mal interpréter les articles 8 et 9 du décret de prairial, ainsi conçus :

« Art. 8. — Aussitôt que les nouveaux emplacements seront disposés à recevoir les inhumations, les cimetières existants seront fermés, et resteront dans l'état où ils se trouveront, sans que l'on en puisse faire usage pendant cinq ans.

« Art. 9. — A partir de cette époque, les terrains servant maintenant de cimetière pourront être affermés par les communes auxquelles ils appartiennent, mais à condition qu'ils ne soient qu'ensemencés et plantés, sans qu'il puisse y être fait aucune fouille ou fondation pour des constructions de bâtiment jusqu'à ce qu'il en ait été autrement ordonné. »

CHAPITRE II.

DE LA PROPRIÉTÉ DES CIMETIÈRES.

ARTICLE I.

De l'existence du droit de propriété sur les cimetières.

119. Conflit entre les communes et les fabriques.

119. — Après avoir étudié les règles qui concernent l'établissement du cimetière, nous sommes logiquement amené à nous demander à qui en appartient la propriété. Question quasi-classique dans la matière, importante surtout en raison des conséquences qui en découlent, et plus vivement débattue dans la doctrine que dans la pratique. Elle se pose entre les communes d'une part, et les fabriques de l'autre, celles-ci invoquant la non-abrogation législative des textes qui consacraient leurs droits avant 1789. Nous rechercherons la solution qui nous paraîtra la plus légale ; mais, avant d'entrer dans la discussion, il importe d'écarter une troisième opinion, peu soutenable à vrai dire, d'après laquelle il faudrait ranger les cimetières et leurs murs de clôture dans le domaine public, et par conséquent dans le domaine public communal (1). Quelques mots seulement suffiront sur ce point.

(1) C. de Lyon, 4 février 1875. Triomphe c. Marduel. D. P. 77. 2. 161. — Id. 7 juillet 1883, Nique c. Morin. D. P. 85. 2. 34.

§ I. — *Doctrine de la domanialité publique.*

120. Les trois caractères de cette domanialité.
121. S'appliquent-ils au cimetière?
122. Non-incompatibilité entre la nature du cimetière et l'idée de propriété.
123. Absence de texte positif et de criterium de distinction.

120. — La théorie de la domanialité publique, telle qu'elle est présentée par la plupart des auteurs, repose sur trois caractères dégagés des articles 538, 539, 540, 541 du Code civil, d'où il résulte qu'un bien, pour être du domaine public, doit être insusceptible de propriété privée, être une portion du territoire français, être affecté à l'usage direct et immédiat de tous.

Pour formuler cette théorie, la doctrine et la jurisprudence ont tour à tour modifié et interprété largement les textes des articles précités (1). Ce n'est pas le lieu de critiquer leur œuvre ; remarquons seulement que, malgré sa simplicité apparente, les difficultés sont nombreuses et les divergences éclatantes entre les jurisconsultes, quand il faut descendre des hauteurs de la théorie aux points spéciaux de la pratique.

121. — Des trois caractères qu'énonce cette formule théorique, il nous faut surtout retenir le premier, et nous demander s'il convient à la nature des cimetières. Le second en effet est sans importance, tout en présentant dans l'expression une certaine solennité tirée de l'art. 538 C. civ. Il est incontestable que les cimetières font partie du territoire français ; la question ne soulève donc pas d'intérêt.

---

(1) C'est ainsi qu'ont été retranchés du domaine public les lais et relais de la mer, les biens vacants et sans maître, les fortifications déclassées.

Quant au troisième, d'après lequel tout bien du domaine public doit être affecté à l'usage direct et immédiat de tous, et non pas à un service public (si l'on admet cette distinction souvent difficile à préciser dans la pratique), il est indéniable que ce signe ne s'applique pas aux cimetières, car ceux-ci, pour être affectés à leur destination légale régulière, ont besoin de l'intervention de la puissance administrative, tandis que les biens du domaine public tiennent d'eux-mêmes leur condition naturelle, constante et universelle.

Examinons donc le premier caractère.

122. — Tout bien du domaine public, dit la théorie domaniale, est insusceptible de propriété privée. Est-ce là le cas du cimetière? Y a-t-il incompatibilité entre sa nature et l'idée de propriété? En aucune façon. Sans doute rien ne doit entraver le service public et régulier des inhumations; rien ne doit s'opposer à ce que le cimetière reçoive sa pleine et entière destination; mais point n'est besoin, pour l'assurer, de le ranger dans le domaine public. C'est le rôle de l'administration de faire respecter cette destination sur laquelle en définitive l'état de domanialité publique ou de domanialité privée ne peut avoir aucune influence. D'autre part, pourquoi la nature du cimetière répugnerait-elle à l'existence de certains droits réels exercés sur lui, et, partant, au droit de propriété? Ce droit se manifeste bien sur les sépultures dans les terrains privés; pourquoi ne s'exercerait-il pas sur les cimetières publics? Il faut reconnaître d'ailleurs que les concessions de terrains pour sépultures, ainsi que nous le verrons bientôt, ont leur base sur ce droit de propriété : leur état juridique ne saurait se concevoir tel qu'il est, si l'on admettait que le cimetière fait partie du domaine public. Nous en dirons autant des produits spontanés des cimetières, dont l'attribution, faite autrefois aux fabriques, depuis la loi municipale de 1884 aux communes, suppose toujours l'existence et l'exercice d'un droit de propriétaire.

123. — Rien donc, dans la nature des cimetières publics, n'est inconciliable avec l'idée de propriété privée (1). Au demeurant, pour les compter parmi les choses faisant partie du domaine public, nous voudrions un texte qui les y rangeât positivement. Sans vouloir discuter la théorie de la domanialité que nous n'avons fait qu'énoncer, il nous paraît difficile en principe de distinguer jusqu'à quel point un bien est ou n'est pas susceptible d'appropriation privée. On peut estimer qu'à chaque objet correspond un mode spécial du droit de propriété suivant son être et sa destination. Se fonder uniquement sur la nature des choses pour en déclarer l'insusceptibilité absolue d'un mode d'appropriation quelconque, ne nous semble pas un raisonnement absolument certain. Mais, au contraire, dès qu'intervient la volonté expresse de la loi, toute difficulté tombe. Or, les articles 538 à 542 C. civ. ne parlent pas des lieux de sépulture, et nous ne connaissons aucun texte ayant trait à ce point. Nous avons vu d'autre part, autant qu'on peut s'en rendre compte, que, d'après les données de la théorie domaniale, il n'y a aucune incompatibilité entre la nature des cimetières et l'idée d'appropriation : concluons-en d'une façon certaine qu'ils ne font point partie du domaine public.

(1) Ducrocq, Cours de Dr. administ., t. II, n° 1419. — Batbie, Droit public et administratif, t. V, n° 314.

§ II. — *Doctrine de la domanialité privée.*

124. — La question de la domanialité publique abandonnée, nous revenons à notre point de départ, et nous nous demandons à qui actuellement est dévolue la propriété des cimetières. Il nous est nécessaire d'envisager successivement les cimetières de création postérieure à 1789, et ceux dont l'existence est antérieure à cette époque. C'est au sujet de ces derniers que surgissent les difficultés sérieuses de la controverse.

A. Avant la Révolution, les cimetières, de l'aveu de tous, étaient presque toujours propriété des établissements ecclésiastiques. Quelquefois cependant, ils avaient été créés par les communautés d'habitants, et en conséquence leur appartenaient. C'est ainsi que l'art. 8 de l'édit de mars 1776 autorise « les villes et communautés d'habitants » à acquérir les terrains nécessaires pour de nouveaux cimetières. Mais, le plus souvent, ils faisaient partie des biens ecclésiastiques et étaient la propriété des paroisses représentées aujourd'hui par les fabriques.

La confiscation révolutionnaire survint : elle engloba du même coup tous les biens des paroisses, et, partant, les cimetières qui en dépendaient. Sans doute, ils continuèrent à servir aux inhumations communales, comme par le passé ; mais le principe de la confiscation, voulue ou non par le législateur quant aux cimetières, n'en était pas moins absolu. On ne peut nier qu'elle ne s'y applique, d'après les termes généraux de l'art. 1er de la loi du 13 brumaire an II, ainsi conçu : « Tout l'actif affecté, à quelque titre que ce soit, aux fabriques des églises cathédrales, particulières et succursales, ainsi 'qu'à l'acquit des fondations, fait partie des propriétés nationales ».

125. — Ce texte formel, dont il faut nécessairement tenir compte, coupe court, selon nous, à l'argumentation qui, pour soutenir le droit des fabriques, se base surtout sur la considération qu'aucune loi spéciale n'est venue confisquer les cimetières. D'après cette opinion (1), les communes, pendant le temps de la suppression des paroisses et des fabriques, n'auraient été que les gardiennes du patrimoine de celles-ci ; les fabriques, lors de leur rétablissement, auraient repris leur cimetière au même titre que tous les anciens biens non aliénés par l'Etat.

Ce raisonnement, répétons-le, ne nous paraît pas tenir, en présence de la loi de brumaire an II. Dès lors, en effet, que les établissements ecclésiastiques n'existaient plus, il leur était bien impossible de posséder un patrimoine. On invoque le décret du 7 thermidor an XI, par lequel le premier Consul rendit la liberté au culte et releva les fabriques en leur accordant leurs anciens biens non aliénés, ainsi que leurs anciennes rentes dont le transfert n'avait pas été fait. Mais il ne faut pas se méprendre sur la nature de ce décret. Il n'a pas pour effet de faire revivre purement et simplement l'ancien

---

(1) V. Mgr Affre, Traité de la propriété des biens ecclésiastiques, p. 209

état de choses, comme s'il abrogeait la loi de brumaire an II ; il crée des fabriques nouvelles et leur attribue un patrimoine nouveau, composé précisément des biens et rentes des anciennes fabriques, confisqués et non aliénés.

126. — L'intérêt pour nous est de savoir si le droit de propriété des cimetières, enlevé aux fabriques par la loi de brumaire, a été aliéné depuis cette confiscation, et, au cas où l'aliénation a eu lieu, à qui elle a profité. C'est de ce point précis que dépend la solution de la question posée entre les communes et les fabriques. Il ne faut point oublier en effet que la loi de brumaire déclarait les biens confisqués « propriétés nationales », mais n'en faisait aucune répartition. Si donc les communes revendiquent cette propriété, elles doivent s'appuyer sur un texte qui consacre l'aliénation à leur profit. Mais si elles sont dans l'impuissance de le produire, les cimetières seront dans la catégorie des biens confisqués non aliénés, et, en vertu du décret de thermidor, feront partie du patrimoine nouveau des fabriques.

Or, nous ne connaissons aucune loi qui règle cette attribution en faveur des communes. Il est possible, à vrai dire, qu'elle fût selon le vœu du législateur de brumaire ; mais il ne l'a manifestée nulle part, et rien ne saurait, à nos yeux, remplacer le texte qui fait défaut. Les communes ont bien usé des cimetières; mais il ne faut pas conclure de l'usage au droit de propriété, qui, pour être inattaquable, doit être établi d'une façon précise et directe. Puisque donc, depuis la confiscation de brumaire jusqu'au décret de thermidor, aucune loi n'a trait à cette aliénation des cimetières au profit des communes, il faut en conclure que les fabriques les ont reçues dans le nouveau patrimoine que leur composait ce décret.

127. — Cette solution nous semble, ainsi que nous l'avons dit plus haut, la plus légale, la plus conforme aux textes. Hâtons-nous de dire qu'elle n'est point adoptée par la jurisprudence administrative, et que dans la pratique les cimetières sont considérés universellement comme propriété communale. Pour le soutenir en théorie, on invoque l'article 9 du décret de prairial an XII : « A partir de cette époque, les terrains servant maintenant de cimetières pourront être affermés par les communes auxquelles ils appartiennent ». Il nous est impossible de voir dans ce texte une contradiction de la solution que nous avons proposée. L'article ne tranche point la question de propriété ; il émet seulement l'opinion qu'elle est transmise, ce qui est très différent. L'erreur du législateur, du reste, est facile à comprendre si l'on songe qu'en fait, les communes usant des cimetières, il est assez naturel de supposer à celles-ci le droit de propriété. Mais, encore une fois, il ne nous semble pas que l'on puisse en théorie se fonder sur ce texte pour attribuer le droit de propriété. Lors de la préparation du décret au conseil d'Etat, la section de l'intérieur proposa de rédiger ainsi le commencement de l'art. 15 : « Les lieux de sépulture demeurent à la charge et seront la propriété des communes ». Cette déclaration si nette de propriété fut rejetée, et le silence sur ce point confirme bien pour nous qu'alors le conseil d'Etat a voulu réserver tous les droits.

128. — *B*. Quant aux cimetières établis depuis 1789, ils sont incontestablement la propriété des communes, et tout le monde s'accorde à le reconnaître. Ces nouveaux cimetières ne pourraient-ils pas cependant, dans certains cas, appartenir aux fabriques ? Supposons, par exemple, que par dons ou legs celles-ci aient reçu des terrains destinés à cette affectation.

Le conseil d'Etat, par de nombreuses décisions, s'est opposé à cette attribution des terrains d'inhumation aux fabriques ; il leur a même refusé l'autorisation d'accepter de tels dons ou legs.

Cette rigoureuse jurisprudence peut fléchir cependant dans des circonstances très exceptionnelles, par exemple si la commune n'a que de très modiques ressources, et que le cimetière ainsi établi lui procure des avantages considérables (1). La fabrique qui justifierait d'une autorisation régulière serait donc propriétaire du cimetière. Mais la commune, toujours libre d'exercer le droit d'expropriation, s'entendra, quand elle le voudra, avec l'établissement religieux pour lui rembourser le prix d'estimation du terrain, afin de s'en assurer la propriété (2).

A l'inverse, pourra-t-on mettre la commune en demeure de faire cette acquisition ou d'établir ailleurs un autre lieu de sépulture ? Nous ne le croyons pas. Il ne faut pas perdre de vue, en effet, que le cimetière, quand bien même il est la propriété de la fabrique, a une destination publique fondée tout entière sur l'intérêt général. Elle ne peut être modifiée que par des décisions émanant de l'autorité compétente, qui seule est juge de l'opportunité de la mesure.

129. — Les difficultés qui s'élèveraient au sujet de ce droit de propriété que nous étudions, devraient être tranchées par les tribunaux civils, au cas où les parties invoqueraient des titres privés, comme un acte d'acquisition ou une donation. S'il s'agit au contraire d'interpréter les actes de restitution ou de concession faits par l'État, la juridiction administrative sera compétente.

(1) C. d'Etat, Avis du 15 décembre 1837.
(2) Id. Avis du 26 octobre 1825 et du 15 mars 1833.

ARTICLE II.

**Conséquences de l'existence du droit de propriété
sur les cimetières.**

130. Division.

130. — Il nous faut maintenant signaler les conséquences des principes que nous avons essayé de mettre en lumière. Sans prétendre énumérer toutes celles qui peuvent se présenter, nous en indiquerons quelques-unes, en traitant à part celles qui ont rapport à l'attribution des produits des cimetières, à leur entretien, et aux concession de terrain qui y sont établies.

§ I. — *Conséquences générales.*

131. 1° En cas de désaffectation, exercice du droit de propriété.
132. 2° Découverte d'un trésor.
133. 3° Servitudes.
134. 4° Mitoyenneté du mur de clôture.

131. — Groupons d'abord quelques conséquences générales qui dérivent directement du droit de propriété que nous avons reconnu.

1° Une fois la désaffectation du cimetière prononcée, celui-ci fera retour au propriétaire, quel qu'il soit (commune ou fabrique, suivant les cas, ou même un particulier dans une hypothèse qu'on peut imaginer.) Ce propriétaire recouvrera tous ses droits : il pourra donc, comme bon lui semblera, exploiter, affermer, aliéner le terrain autrefois destiné aux sépultures, sous la condition, bien entendu, de se confor-

mer aux règlements et délais prescrits dans le but de satisfaire à la décence et à l'hygiène publiques. C'est encore
à partir du moment de la désaffectation que la prescription,
jusque-là impossible, pourra commencer à courir (1). Si c'est
la commune qui est propriétaire du terrain, le maire en dis-
posera suivant les formalités légales exigées.

Dans le cas exceptionnel où la propriété appartiendra à la
fabrique, c'est elle qui, après la désaffectation et seulement
alors, aura le droit de vendre ou affermer. Loin de voir une
objection dans l'art. 9 du décret de prairial, déjà connu de
nous : « Les terrains peuvent être affermés par les communes
auxquelles ils appartiennent », nous y trouvons plutôt un argument d'analogie. D'après le sens obvie de ce texte, la libre
disposition du terrain est une conséquence du droit de propriété; elle profitera à la commune ou à la fabrique, suivant
que l'une ou l'autre sera propriétaire.

On pourrait même concevoir, avons-nous dit, que le terrain
fît retour à un particulier. Pour cela, il faut supposer que
celui-ci, alors qu'il donnait le fonds de terre en le destinant
aux inhumations, ait mis pour condition à son legs ou à sa
donation, qu'il lui reviendrait en cas de désaffectation. Nous
ne voyons pas ce qu'aurait d'illégal une telle condition : une
fois, en effet, l'intérêt public disparu, rien ne fait obstacle à
ce qu'elle se réalise.

132. — 2° Si un trésor vient à être découvert dans le cimetière, on suivra pour son attribution les règles ordinaires, et
l'article 716 C. civ. sera appliqué. Moitié appartiendra à l'in-
venteur, et moitié au propriétaire, qui le plus souvent, comme
nous le savons, sera la commune.

(1) Cassat. 10 janvier 1844. Com. de Perrigny. D. P. 44. 1. 56.

133. — 3° Il n'est pas impossible, théoriquement, que les cimetières soient frappés de certaines servitudes, puisqu'ils ne font point partie du domaine public. Les convenances toutefois et l'ordre général doivent être respectés, et il faut reconnaître aux maires le droit d'interdire l'exercice des servitudes qui leur seraient contraires, comme serait une servitude de vue, qui gênerait l'accomplissement des cérémonies religieuses, ou une servitude de passage qui empêcherait de clore le cimetière, et le laisserait ouvert à tout venant (1).

134. — 4° De même, on pourrait admettre en théorie qu'un voisin se rendît acquéreur de la mitoyenneté d'un mur du cimetière. Mais pratiquement la question est sans intérêt, car le plus souvent l'acquisition de la mitoyenneté a pour but d'adosser une construction contre le mur devenu mitoyen. Or, cette construction est rendue impossible d'une part par la servitude de ne pas bâtir qui frappe les propriétaires voisins du cimetière, et d'autre part par la nécessité de maintenir celui-ci à une distance d'au moins 35 mètres des agglomérations d'habitations.

§ II. — *Attribution des produits des cimetières.*

135. De quoi ils se composent.
136. A qui ils appartiennent.
137. *Quid* après la désaffectation ?
138. Produits spontanés. Leur attribution d'après la loi du 5 avril 1884.
139. La question des arbres sous le régime du décret du 30 décembre 1809. Distinction.

135. — Ces produits se composent principalement des herbes, des broussailles, des arbres plantés ou crûs spontané-

(1) Cassat. 20 juin 1863. Hue. D. P. 63. 1. 381.

ment, et de leurs émondes. Nous réservons à dessein la question des concessions, à propos desquelles nous aurons à examiner bientôt s'il faut les compter au nombre des produits des cimetières.

136. — Les idées que nous avons développées sur la propriété des lieux de sépulture nous amènent logiquement à décider que leurs produits ou revenus devraient, en tous cas, profiter à leurs propriétaires, c'est-à-dire à la commune habituellement, à la fabrique dans les hypothèses rares où elle aura cette qualité. On objecte, contre le droit que nous voudrions voir reconnu à cette dernière, des raisons d'ordre public et de haute décence, dit-on, dominant la question de propriété, et nécessitant que la commune soit seule appelée à percevoir ces produits, quand bien même elle ne serait pas propriétaire. On affirme qu'alors une modalité spéciale atteint le droit de la fabrique, et qu'elle ne peut prétendre à l'exercer, en ce qui concerne les fruits et revenus du cimetière, tant que celui-ci sera affecté au service public des inhumations. Quant à nous, nous ne voyons pas en quoi l'attribution des fruits aux fabriques propriétaires entraverait pour la commune le libre exercice de son droit d'inhumer, et serait incompatible avec le rôle de police qui lui est dévolu par la loi, même sur les cimetières qui ne lui appartiennent pas. Sans doute, la fabrique doit écarter, dans l'espèce, toute idée de spéculation ; il ne s'en suit pas pour cela, croyons-nous, que l'on doive la priver du revenu très légitime de sa propriété, quand l'intérêt public ne se trouve nullement atteint.

La nouvelle loi municipale du 5 avril 1884, sinon dans son esprit, du moins dans la rédaction de son article 133, § 9, laisse encore une porte ouverte aux fabriques qui tenteraient de réclamer les produits en se fondant sur ce droit de propriétaire.

« Les produits des terrains communaux affectés aux inhumations, dit cet article, appartiennent aux communes. » D'où
l'on pourrait conclure *à contrario* que lorsque les inhumations ne sont pas faites dans une propriété communale, mais
bien dans un terrain appartenant à la fabrique, les fruits sont
dévolus à celle-ci.

137. — La question ne fait plus difficulté en cas de désaffectation du cimetière. Ceux même qui revendiquent pour
la commune le droit de haute surveillance sur les terrains
affectés aux sépultures dont elle ne possède pas le fonds, sont
d'accord pour ne point contester à la fabrique propriétaire le
pouvoir de recueillir les produits, une fois la désaffectation
accomplie. Il ne lui sera point nécessaire, pour en jouir,
d'attendre l'expiration des cinq années légales. Sans doute,
jusque-là, le terrain ne pourrait être livré à l'exploitation ni
subir aucune modification de nature à porter atteinte aux convenances et à la salubrité publique ; mais rien n'empêche d'attribuer au propriétaire tous les fruits naturels du sol, dès que
celui-ci ne sert plus aux inhumations. Par contre, s'il per-
çoit les produits, le propriétaire a naturellement le devoir de
supporter les charges.

138. — L'article 133, § 9, de la loi du 5 avril 1884, en
attribuant sans distinction les produits des cimetières communaux aux communes, introduit une importante innovation dans la législation qui avait précédemment régi cette
matière. D'après l'article 36, § 4, du décret du 30 décembre
1809, les produits spontanés appartenaient aux fabriques. On
décidait *à contrario* que les autres, les produits naturels ou
industriels, étaient attribués aux communes. Aujourd'hui,
d'après la nouvelle loi, on n'a donc plus à se poser la

question, souvent délicate, de savoir ce qu'il faut entendre par produits spontanés. Cette qualification était généralement donnée à tout ce qui vient naturellement sans que la main de l'homme l'ait planté ou semé.

139. — Fallait-il ranger dans cette catégorie les arbres qui croissaient sans culture ? Pour trancher la difficulté, le conseil d'Etat avait divisé les arbres en quatre espèces (1) :

1º Ceux qui ont crû spontanément dans le cimetière. Ils appartenaient entièrement à la fabrique, sans qu'il y ait lieu de restreindre cette propriété dans le sens des obligations imposées par le Code civil à l'usufruitier, relativement aux arbres de haute futaie, aucune analogie n'existant entre la fabrique et un usufruitier.

2º Ceux qui ont été plantés par la commune, conformément aux recommandations du décret de prairial.

3º Ceux qui ont crû dans les haies servant de clôture.

4º Ceux qui existaient sur le sol avant l'établissement du cimetière.

Ces trois dernières espèces étaient naturellement attribuées à la commune en vertu du droit commun de propriété.

§ III. — *Entretien des cimetières.*

140. Qui en est chargé ? Etrange lacune de la nouvelle loi municipale.

140. — Le décret du 30 décembre 1809 qui concédait, par son article 37, les produits spontanés aux fabriques, mettait par contre à leur charge l'entretien des cimetières. Les deux choses étaient considérées comme corrélatives et de nature

(1) C. d'Etat, 22 janvier 1841. D. A. vº Culte, nº 809.

à se compenser. L'article 92 du même décret déclarait encore que si les ressources de la fabrique étaient insuffisantes pour faire face à ces frais, la commune serait appelée à lui venir en aide. La même disposition se trouve reproduite dans l'article 30, § 17, de la loi du 18 juillet 1837, qui donne à ces dépenses un caractère obligatoire. C'est du moins dans ce sens qu'il fallait en interpréter les termes, et non point y voir un changement de législation transportant en tous cas des fabriques aux communes les charges d'entretien des cimetières. Ainsi l'avait décidé, du reste, un avis du conseil d'Etat du 21 août 1839.

Une fois le revenu des produits spontanés enlevé aux fabriques, la logique demandait qu'elles fussent déchargées des obligations corrélatives d'entretien. La loi municipale du 5 avril 1884 n'y a point pourvu. Restent par conséquent en vigueur les dispositions de l'article 37 du décret du 30 décembre 1809 et celles de l'article 30, § 17, de la loi du 18 juillet 1837. Bien plus, l'article 92 du décret de 1809 est abrogé. Il en résulte que désormais sont obligatoires pour les fabriques, en toutes hypothèses, des dépenses qui jusque-là pouvaient être diminuées par le concours de la commune. Une telle anomalie a échappé évidemment au législateur de 1884 ; il est à souhaiter qu'elle vienne promptement à disparaître.

§ IV. — *Concessions de terrain dans les cimetières.*

141. Elles supposent le droit de propriété. Transition.

141. — Ces concessions, ainsi que nous allons le voir, ont leur fondement dans le droit de propriété de la commune.

Quel que soit, en effet, le système adopté sur la nature du droit du concessionnaire, il est incontestable que ce droit est privativement consenti à un particulier par la commune. Il suppose donc forcément la propriété de celle-ci sur le terrain dont elle dispose, et est absolument inconciliable avec le caractère propre aux dépendances du domaine public, qui est d'exclure toute appropriation privée.

Cette matière, en raison de son importance, doit être traitée séparément. Elle fait l'objet du chapitre suivant.

CHAPITRE III.

DES CONCESSIONS.

142. Caractère d'exception du droit de concession.
143. Concessions perpétuelles.
144. Concessions temporaires : trentenaires, et temporaires proprement dites.
145. Légitimation du droit.

142. — Le principe des concessions de terrain dans les cimetières se trouve posé dans l'article 10 du décret du 23 prairial an XII, ainsi conçu :

« Lorsque l'étendue des lieux consacrés aux inhumations
« le permettra, il pourra y être fait des concessions de ter-
« rain aux personnes qui désireront y posséder une place
« distincte et séparée, pour y fonder leur sépulture et celle
« de leurs parents ou successeurs, et y construire des
« caveaux, monuments ou tombeaux. »

A vrai dire, c'est là une loi de privilège ou d'exception. La loi commune veut seulement que le cadavre de toute personne soit assuré de trouver place gratuite dans le cimetière, au moins pendant cinq ans après la mort. Passé ce délai, l'administration n'est plus tenue de lui fournir une inhumation à part ; elle pourra, si cela est nécessaire, faire exhumer les ossements et les réunir dans la fosse commune, afin de céder la place à un autre. La perpétuité des sépultures, en effet, aurait nécessité l'agrandissement indéfini des cimetières. Le législateur a cherché à concilier, autant que possible, avec les raisons d'économie sociale, les intérêts de la salubrité publique et des convenances ; en adoptant ce délai de cinq ans, il semble y être arrivé.

Moyennant une redevance réglée d'après les tarifs établis, ce délai peut être prolongé et se changer même en perpétuité : c'est ce qui constitue la concession, suivant qu'elle est temporaire ou perpétuelle. Cette distinction a été consacrée par l'ordonnance du 6 décembre 1843, qui réglemente toute la matière.

143. — I. *Concessions perpétuelles.*

On avait précédemment agité la question de leur maintien ou de leur suppression. Une circulaire du ministre de l'intérieur, en date du 20 juillet 1841, avait consulté les conseils généraux sur ce point. Certains avaient répondu dans le sens de la suppression, se fondant sur des motifs d'ordre purement administratif. On comprit facilement, néanmoins, qu'il devait être tenu compte d'un usage consacré par la piété des familles, et sanctionné par le temps. Il fallait reconnaître, ainsi que s'exprime la circulaire ministérielle du 30 décembre commentant l'ordonnance, « que, dans une matière aussi délicate, les habitudes et les sentiments ont leur empire ». Le maintien fut donc résolu. Toutefois, afin de mettre obstacle au trop grand nombre de ces concessions, l'ordonnance arrêta qu'elles ne seraient accordées qu'à des prix très élevés. C'était un moyen d'échapper à l'envahissement des cimetières, et de déterminer le choix des familles pour les deux autres classes de concessions.

144. — II. *Concessions temporaires.*

D'après l'ordonnance précitée, il faut les distinguer en concessions trentenaires, et concessions temporaires proprement dites.

A. Les premières sont renouvelables à l'expiration de chaque période moyennant l'acquit d'une redevance qui pourra diminuer, mais jamais augmenter. En ce sens, elles offrent une grande similitude avec les concessions perpétuelles, car pratiquement elles aboutissent au même résultat. On peut dire cependant qu'elles n'engagent pas absolument l'avenir. La commune en effet a le droit de reprendre le terrain concédé, à l'expiration de chaque délai de concession, si la redevance établie par les tarifs n'est pas payée. Il ne peut toutefois lui faire retour que deux ans révolus après le terme de la période pour laquelle il avait été concédé; et, dans l'intervalle de ces deux années, les concessionnaires ou leurs ayants cause seront libres d'user de leur droit de renouvellement. Ces considérations font qu'une différence très marquée doit être maintenue entre le prix de ces concessions et celui des concessions perpétuelles. Le but de la loi sera en même temps atteint ; car les familles se décideront de préférence pour un mode en réalité aussi avantageux que celui qui consacre directement la perpétuité, et cependant moins coûteux.

B. Les concessions temporaires proprement dites seront faites pour une durée qui ne pourra excéder quinze ans, et ne pourra jamais être renouvelée.

145. — Avant d'entrer dans l'étude du droit du concessionnaire, est-il besoin pour nous de le légitimer ? Devons-nous y voir, comme pourraient le soutenir certains économistes, une négation des idées moralisatrices de l'égalité de tous dans le trépas ? Sans doute, il y a là entre les morts une certaine distinction acquise au bénéfice de la richesse ou de l'aisance. En quoi les droits d'autrui s'en trouvent-ils lésés ?

Ne serait-ce pas un leurre et une puérilité que de prétendre effacer après la mort toute trace de cette inégalité sociale que, malgré tant de récriminations ou de malentendus, il faut bien reconnaître pourtant comme la condition nécessaire de l'existence humaine ?

Au demeurant, ceux qu'un tel raisonnement ne pourrait convaincre trouveraient dans l'esprit même de la loi les éléments suffisants à la justification du droit en question. Loin d'être établi gratuitement, il fournit à la commune une branche de revenus dont elle doit retirer tout ce qu'il est susceptible de produire, le prix de la concession n'étant aucunement proportionné à la valeur du terrain.

Enfin, une partie de ce prix est attribuée, suivant la mesure que nous étudierons, aux établissements charitables. L'inégalité, si elle existe, se trouve largement compensée par ces avantages.

ARTICLE I.

Nature du droit du concessionnaire.

146. Double élément du contrat.

146. — Ce droit naît d'un véritable contrat intervenu entre la commune et le concessionnaire, et se décompose en deux éléments. Il comprend :

1° Un droit réel immobilier, portant sur le terrain concédé, et s'exerçant conformément à la destination du cimetière.

2° Un droit personnel ou de créance, permettant au concessionnaire de se faire délivrer par la commune, en cas de suppression du cimetière, un emplacement de même étendue dans le nouveau terrain affecté aux sépultures, et d'y faire transporter les corps exhumés, ainsi que les matériaux provenant de l'ancienne concession, le tout aux frais de la commune.

L'étude successive de ces deux éléments nous permettra de nous prononcer plus facilement sur la nature juridique du droit en question.

§ I. — *Droit réel immobilier.*

147. Ce qu'il comporte.
148. Contre qui il peut être revendiqué.
149. 1° Contre un particulier ; juridiction compétente.
150. Intervention possible de la commune.
151. 2° Contre l'administration ; juridiction compétente.
152. Jugement susceptible d'appel.

147. — Il est difficile d'imaginer un droit s'exerçant plus directement sur une chose. C'est, en quelque sorte, la prise de possession du terrain par le cadavre en contact avec lui. Ce droit immobilier comporte l'exercice de tous les actes qui ne sont pas incompatibles avec la destination du cimetière, tels qu'établissements de clôtures, de plantations, de monuments, de caveaux et de toutes constructions sur le terrain concédé.

On s'est demandé à ce propos s'il était possible de creuser des caveaux pour des sépultures qui n'auraient pas le caractère de concessions perpétuelles, et qui par conséquent feraient retour à la commune, soit au bout de trente ans au moins, s'il s'agit de concessions temporaires, soit même au bout des cinq années d'inhumation séparée auxquelles a droit tout cadavre, s'il n'y a pas de concession. En pratique, le cas se présentera rarement : il ne sera pas habituel, en effet, que les dépenses de cette nature soient faites pour des sépultures auxquelles la perpétuité ne serait pas assurée. En théorie toutefois, nous ne voyons pas d'impossibilité à la chose, pourvu, bien entendu, que les règles de décence ordinaires dans cette matière soient observées, et qu'à l'expiration du délai de la concession, ou du terme des cinq années légales, le terrain soit rendu à son état primitif, aux frais des constructeurs.

148. — Le droit réel immobilier qui nous occupe pourra être poursuivi par le concessionnaire détenteur (sans préjudice de l'action en violation de sépulture, s'il y a lieu, qui s'exercera séparément) contre tous ceux qui tenteraient de l'usurper ou de le contrarier. Il pourra même faire l'objet d'une action possessoire (1).

La revendication s'exercera tantôt contre un particulier, tantôt contre l'administration. Mais quelle sera la juridiction compétente ?

149. — 1° Contre un particulier.

Il faut supposer un empiètement sur l'emplacement concédé de la part du concessionnaire d'un terrain limitrophe. L'affaire fera-t-elle partie du contentieux administratif?

Il faudrait le décider si l'acte de concession était un simple acte administratif. Mais nous ne devons pas oublier qu'il est double : en même temps qu'il est un acte de police, en effet, il est un acte de gestion posé par le maire, un véritable contrat passé entre ce dernier et le concessionnaire. C'est cette qualité d'acte de gestion qui dominera dans l'espèce. Le concessionnaire, pour faire reconnaître ses droits, nés de la

(1) Cassat. Lefèvre c. Com. de Crèvecœur. 24 août 1864. D. P. 64. 1. 366.

convention intervenue, devra donc s'adresser aux juges de droit commun, en matière de contrats engendrant des droits réels, dont la conservation, en l'absence d'une attribution expresse à la juridiction administrative, ne peut appartenir qu'à l'autorité judiciaire. Peu importe d'ailleurs le système adopté sur la nature du droit du concessionnaire ; qu'il soit qualifié de droit de propriété, de droit de jouissance, ou de toute autre manière, la compétence ne sera point changée, car il demeure toujours un droit réel (1).

150. — Dans ce différend entre concessionnaires, la commune pourra être appelée, en tant qu'obligée à garantir les droits concédés par elle, au cas d'éviction produite par le fait actuel du maire, ou émanant d'une cause antérieure à la concession (art. 1625, 1626 C. civil). Un tel débat est judiciaire par sa nature, aussi bien que celui qui s'est élevé entre les deux particuliers sur l'étendue de leurs concessions respectives (2).

151. — 2° Contre l'administration.

Les mêmes règles devant trouver leur même application, il faut décider qu'en principe la compétence sera également judiciaire. En vain alléguerait-on que les perceptions auxquelles donnent lieu les concessions sont des taxes municipales, auxquelles il faut appliquer la compétence administrative en vertu de l'art. 44 de la loi du 18 juillet 1837. Il ne s'agit pas ici d'une taxe ou d'un impôt, mais bien d'un prix de concession, sinon de vente (art. 31, § 9, de la même loi). Ce n'est donc

---

(1) C. d'Etat, 19 mars 1863. Castangt c. Ville de Bordeaux. D. P. 63. 3. 35. — Contrà : C. de Poitiers, 17 février 1864. Bonneau et Dabeau c. maire de Niort. D. P. 64. 2. 38. et *Gazette des Tribunaux*, 25 février 1864, malgré plaidoirie de M. Ducrocq.

(2) Id. Castangt.

pas le cas prévu par l'article 44 ; c'est tout au plus celui de l'article 63, et même alors la compétence demeure judiciaire (1).

Cette question de compétence cependant sera parfois malaisée à déterminer, suivant qu'il y aura plus ou moins de difficulté à distinguer l'acte de police de l'acte de gestion, et à reconnaître lequel domine dans l'espèce. Dans ces cas douteux, le tribunal des conflits appréciera en fait jusqu'à quel point le différend porte sur une pure question de droit privé, ou s'il n'est pas nécessaire pour le tribunal judiciaire de surseoir jusqu'à interprétation de l'acte par l'autorité administrative.

Mais, en général, c'est bien à l'autorité judiciaire qu'il appartient de connaître des difficultés d'interprétation et d'exécution des actes de concession, et de toutes les conventions qui s'y rattachent. Ainsi l'ont reconnu successivement la Cour de cassation et le conseil d'Etat (2).

152. — Le jugement qui statuera sur cette question sera toujours susceptible d'appel, car le litige est d'une nature toute particulière. Le terrain concédé, en effet, n'a point de valeur vénale déterminée, et ne peut être assimilé à un immeuble productif de revenus (3).

---

(1) Id. Castangt.

(2) Ducrocq, Dr. Adm. n° 1419. — Cassat. 31 janvier 1870. Galpin c. Pothier. D. P. 70, 1. 247. — Id. 26 avril 1875. Commune de Massat c. Auziès. D. P. 75. 1. 474. — Trib. de la Seine, 4 décembre 1883. Revue générale d'administration, 1884, t. 1, p. 75. — C. de Paris, 4 juillet 1884. Préfet de la Seine c. Depoily. D.P. 85. 2. 211.

(3) C. d'Angers, 5 mai 1869. Galpin. D. P. 69. 2. 198. — C. de Lyon, 17 août 1880. Frère c. Fargère. D. P. 81. 2. 16.

§ II. — *Droit personnel ou de créance.*

153. — Ce droit prend naissance au cas de désaffectation du cimetière qui contient le terrain concédé. Le concessionnaire peut alors réclamer, dans le nouveau terrain affecté aux sépultures, un emplacement identique à celui dont il était détenteur, en vertu du contrat passé entre lui et la commune (art. 5 de l'ordonnance du 6 décembre 1843).

A l'hypothèse de la désaffectation, il faut assimiler celle où la commune jugerait indispensable d'exécuter certains travaux d'aménagement dans le cimetière, comme l'établissement d'un chemin, travaux nécessitant l'emploi du terrain concédé. Le particulier lésé sera admis à attaquer la décision municipale devant l'autorité supérieure, si elle lui paraît mal fondée. S'il succombe dans sa réclamation, une concession nouvelle, de même importance que l'ancienne, devra toujours lui être attribuée dans un autre endroit du cimetière.

154. — Les frais déboursés à ces occasions seront à la charge de la commune. Mais que comprendre dans ces frais et comment les évaluer?

La circulaire ministérielle du 30 décembre 1843 (art. 6), commentant l'article 5 de l'ordonnance du 6 décembre, entendait qu'il ne pouvait être question que des frais matériels, tels que creusement des fosses et transport des restes et des matériaux des tombes, toute dépense accessoire de pompe funèbre ou autre devant rester à la charge des familles. Il faut encore y ajouter les honoraires des médecins et la rétribution donnée au commissaire de police, qui doivent nécessairement assister à l'exhumation (1).

Une décision ministérielle, rapportée par le Bulletin officiel du Ministère de l'intérieur (2), adopte la même solution. « D'après la jurisprudence, dit-elle, la dépense qu'entraîne le transport des matériaux des tombes est également considérée comme incombant à la commune. Mais aucune disposition de loi ou de règlement d'administration publique ne met à sa charge les frais de reconstruction des monuments funèbres, tels qu'une chapelle de famille. » Un arrêté du conseil de préfecture du Nord en date du 8 septembre 1869 (3) est conforme aux mêmes principes, et décide que la commune n'est pas obligée, en cas de fermeture du cimetière, à la réédification des tombeaux érigés sur les terrains concédés, ni au remboursement des frais de reconstruction de ces tombeaux dans le nouveau cimetière.

Ces décisions donnent-elles pleine satisfaction aux droits des familles? Ne serait-il pas de toute justice que le concessionnaire fût réintégré exactement dans l'entier bénéfice résultant pour lui d'un contrat qui persiste, et que les principes généraux en matière d'obligations, nullement contredits par une loi spéciale, trouvassent ici leur application? Les termes mêmes de la circulaire du 30 décembre 1843 ne méconnaissent point que la présence de tombeaux sur les terrains concédés constitue un fait rentrant dans l'objet du contrat garanti par la commune; il est donc difficile de comprendre comment, tout en reconnaissant la force obligatoire du contrat au point

(1) Cassat. 16 janvier 1868. Paudot. D. P. 68. 1. 354.
(2) Bulletin, 1870, n° 20, p. 206.
(3) Journal des Conseils de fabrique, 1870, p. 164.

de vue de la restitution des tombeaux construits sur les terrains concédés, on peut admettre que le concédant sera quitte de son obligation en offrant un simple concours limité au transport des matériaux. L'article 5 de l'ordonnance, du reste, ne distingue point entre les terrains concédés suivant qu'ils sont ou non recouverts de monuments funéraires. Au surplus, on serait d'autant moins fondé à admettre cette distinction que, le plus souvent, le motif déterminant des demandes de concessions est incontestablement le projet d'ériger un tombeau, ainsi qu'il résulte des articles 10 et 11 du décret de prairial.

Un jugement du tribunal d'Agen a fait ressortir tous les avantages d'une telle solution (1). Nous souhaitons que cette jurisprudence se maintienne, et que ce qu'elle décide par rapport aux tombeaux soit étendu, en vertu des mêmes principes, à toutes les autres dépenses (pompes funèbres, etc.), de telle sorte que le concessionnaire, forcé, par obligation contractuelle, de supporter la translation de sa concession, soit entièrement désintéressé des frais qui en sont la conséquence.

§ III. — Aspect d'ensemble.

155. — Après avoir étudié le droit du concessionnaire sous son double point de vue de droit réel et de droit person

____

(1) Trib. d'Agen, 1er juillet 1870. Pribat. D. P. 74. 3. 80.

nel, nous devons nous demander s'il est possible de l'envisager dans son ensemble sous un aspect juridique unique, et de le comprendre parmi les droits définis d'une manière précise par la loi.

Les systèmes et la jurisprudence varient sur ce point embarrassant.

156. — *A*. On voit, dans la concession, une aliénation partielle d'un terrain communal, emportant au profit du concessionnaire un droit véritable de propriété : propriété *sui generis*, il est vrai, à raison de l'affectation spéciale du terrain et de la police réservée à l'administration, propriété susceptible d'être restreinte par les clauses diverses de l'acte de concession, mais propriété véritable et de telle sorte qu'en l'absence de clauses restrictives, elle s'affirme aussi absolument que le comporte la nature des choses. Ce droit de propriété a non seulement pour conséquence de permettre au concessionnaire d'inhumer qui bon lui semble, mais il s'applique encore à toutes les constructions, caveaux, tombeaux, etc..., établis sur le terrain, et même à l'emplacement occupé par eux. C'est ainsi que, d'après une décision du ministre de l'intérieur (1), « on ne doit pas déplacer un monument funèbre dans un cimetière pour la rectification d'un chemin d'accès, sans le consentement du propriétaire ».

Comme preuve de l'existence de ce droit absolu de propriété, on fait remarquer que le concessionnaire troublé dans sa possession ou évincé peut exercer la revendication contre l'usurpateur ou une action en garantie contre la commune (2). Le conseil d'Etat ayant déclaré que des questions

____

(1) Bulletin du Ministère de l'Intérieur, 1861, n° 52.
(2) V. suprà, n°ˢ 148 et 150.

de cette nature ne sont ni de la compétence de l'administration active, ni de celle de l'autorité contentieuse administrative, mais bien de celle de l'autorité judiciaire, reconnaît par là qu'elles forment des litiges de propriété, et qu'il faut laisser à la partie intéressée « le soin de les faire vider par les tribunaux judiciaires, juges compétents en cette matière (1) ».

On observe d'ailleurs qu'en cas de translation du cimetière, le droit ne se trouve nullement anéanti, mais bien transporté dans le cimetière nouveau, et que cette éventualité de translation, loin d'être la négation de la propriété du concessionnaire, ne pourrait qu'en être la condition exprimée ou sous-entendue dans l'acte de concession.

157. — *B*. D'après un autre système, consacré par les circulaires du 20 juillet 1841 et du 30 décembre 1843, les concessions, même faites à titre perpétuel, ne constituent point des actes de vente, et n'emportent pas un droit de propriété en faveur du concessionnaire ; elles établissent simplement un droit de jouissance et d'usage, avec affectation spéciale et nominative (2). La commune sera valablement actionnée comme propriétaire ; mais elle aura incontestablement son recours contre les concessionnaires dans les cas où les faits articulés ont été accomplis contrairement aux clauses de la concession.

Dans cette opinion, on assimile en quelque sorte le contrat de concession à celui de louage, que l'art. 1709 C. civ. définit « un contrat par lequel l'une des parties s'engage à faire jouir l'autre d'une chose pendant un certain temps et

(1) C. d'État, 19 mars 1863. D. P. 63. 3. 35. — Ducrocq, Droit administ., n° 1419.

(2) Dalloz, Jurisp. gén., v° Culte, n° 806. — Trib. de Lyon, 24 janvier 1866. Fège c. Com. de Sainte-Foy. D. P. 67. 3. 45.

moyennant un certain prix ». Or, les concessions faites moyennant un prix pour un temps déterminé ou indéterminé donnent aux concessionnaires le droit de jouir de la chose louée suivant les conditions du contrat et la destination des lieux. Dans le contrat de concession comme dans celui de louage, on trouve une chose susceptible d'être louée, un prix, une durée et la transmission d'une jouissance déterminée. « Peu importe, dit-on, que ces sortes de contrats soient qualifiées par la loi de concessions, comme aussi que le prix en soit payé en une seule fois au lieu de l'être périodiquement et par fractions successives : ces circonstances, qui ne sont, à proprement parler, que des conditions introduites par l'usage ou les convenances, n'ont rien de contraire au contrat de louage et ne sauraient en altérer la nature (1). » — L'assimilation est si complète que les concessions prennent le caractère de véritables baux : bail à durée illimitée, quand la concession est perpétuelle, ou trentenaire faite avec faculté de renouvellement ; bail à durée limitée, quand la concession est seulement temporaire, faite sans cette faculté de renouvellement. C'est le système adopté par l'administration de l'enregistrement, qui calcule d'après cette distinction les droits à percevoir (2).

158. — *C.* Les opinions que nous venons de faire connaître veulent rallier au droit commun le contrat de concession, en l'envisageant soit comme une aliénation, soit comme un bail ; nous estimons, quant à nous, qu'il est difficile de le soumettre à l'empire des règles ordinaires qui les régissent.

1° Peut-on dire en effet qu'il engendre un véritable droit

(1) Trib. de Lyon, 4 avril 1865. Pitrat. D. P. 67. 3. 63.
(2) V. infrà, n° 170.

de propriété ? La propriété, aux termes de l'art. 544 C. civ. est « le droit de jouir et disposer des choses de la manière la plus absolue, pourvu qu'on n'en fasse pas un usage prohibé par les lois ou par les règlements ».

Serait-il possible de concilier ce texte avec la nature du droit du concessionnaire, et de soutenir que la restriction énoncée dans sa seconde partie s'applique aux stipulations contenues dans l'acte de concession ? Nous ne le croyons pas; il est facile d'ailleurs de démontrer que chacun des éléments qui composent le droit de propriété, savoir la jouissance parfaite et la libre disposition, se trouvent là gravement atteints et limités. Le concessionnaire n'a pas l'entière jouissance du terrain concédé, car il n'est point en son pouvoir d'en changer l'affectation à son gré. Il ne peut en jouir que conformément aux règlements administratifs, et suivant la destination du lieu consacré aux inhumations. Il se trouve enfin soumis au contrôle incessant de l'autorité municipale qui exerce une police rigoureuse très en désaccord avec la paisible jouissance que comporte la vraie propriété. Le concessionnaire, d'autre part, est loin d'avoir la libre disposition de ce terrain, *jus abutendi*. C'est un bien placé hors du commerce, qui ne peut être ni vendu à titre gratuit ou à titre onéreux, ni affermé, ni hypothéqué, ni partagé, ni licité, ni déduit dans un contrat quelconque translatif de propriété.

La transmissibilité, première condition de la propriété, manque donc au droit du concessionnaire; celui-ci aura seulement la faculté de désigner la personne qui, considérée comme chef de famille après lui, se prononcera sur les inhumations à faire dans le tombeau (1).

(1) V. infrà, n° 179.

De même que la transmissibilité, la durée est un des caractères inhérents à la véritable propriété. Sans doute, en tant qu'elle s'applique au droit même, celle de la concession peut être perpétuelle ou indéfiniment renouvelable ; et c'est bien là le seul point par lequel la concession diffère de l'inhumation ordinaire, bien qu'au fond la nature du droit soit la même, car le droit des concessionnaires n'est en définitive que le droit des non-concessionnaires prolongé ou perpétué. Cette durée du droit se continue, nous le savons, au cas de translation du cimetière, le concessionnaire obtenant, d'après les stipulations mêmes du contrat, un terrain équivalent dans le nouvel emplacement destiné aux sépultures. Mais si le droit du concessionnaire se trouve transporté, le fait même de la dépossession de l'ancien terrain n'en est pas moins consommé ; et on peut dire avec raison qu'au moment où le droit du concessionnaire prend naissance, il se trouve grevé au profit de la commune d'un droit de réversion incompatible avec le caractère de perpétuité, condition de la vraie propriété.

En faveur du système, on argumente de la compétence reconnue à l'autorité judiciaire en cette matière, et on conclut à l'existence du droit de propriété. A vrai dire, la logique de cette déduction nous échappe. De ce que les tribunaux judiciaires sont appelés à se prononcer, il ne s'ensuit pas nécessairement, croyons-nous, que ce soit forcément à propos d'un litige de propriété. Ils sont les juges de droit commun, particulièrement en matière de droits réels: la concession, nous le savons, constitue bien un droit réel ; mais tout droit réel n'est pas la propriété.

2° Peut-on, d'autre part, comparer la concession à un bail ? Les effets que produisent le louage, l'usage ou l'usufruit nous semblent vraiment impossibles à rapprocher de ceux qui résultent de la concession. Le but de ces contrats est tout différent, puisqu'ils se basent, avant tout, sur une idée d'intérêt ou de spéculation. Le concessionnaire au contraire agit par le mobile à la fois désintéressé et pieux de procurer aux siens un repos plus long dans la tombe. Assimiler aux baux à durée illimitée les concessions perpétuelles ou temporaires, serait oublier la règle que les cimetières, par la raison qu'ils sont hors du commerce, sont insusceptibles de location (C. civ., art. 1128) (1).

159. — En résumant nos observations, disons que les concessions dans les cimetières nous semblent devoir être en dehors du droit commun, comme les terrains qui en forment l'objet. Les opinions discutées par nous le reconnaissent bien implicitement, puisqu'elles ne peuvent être présentées par leurs défenseurs qu'avec les réserves que nous connaissons. Pour ceux qui admettent la propriété, ce n'est qu'une propriété toute particulière, propriété *sui generis* ; pour ceux qui acceptent la location, ce n'est qu'un droit de jouissance avec affectation spéciale et nominative. Pourquoi dès lors ne pas dire que le droit du concessionnaire est un de ces droits non classés dont notre législation présente d'assez nombreux exemples ? Le terme même de *concession* prouve qu'on se trouve en dehors du droit commun ; autrement, en effet, il eût été aisé de se servir des expressions *vente* ou *location*. Dans le même ordre d'idées, on a remarqué que le décret de prairial, évitant de se prononcer sur la nature du droit du concessionnaire, au lieu d'employer le mot *prix* qui semble le plus naturel lorsqu'il s'agit d'une aliénation, s'est servi de cette périphrase : « Les concessions ne seront néanmoins accordées qu'à ceux qui offriront de faire des *donations* ou *fondations* en faveur

(1) V. Troplong, *Du louage*, ch. II, n° 91.

des pauvres... », et que l'ordonnance de 1843, pour ne pas, elle non plus, préciser le droit en question, a employé le même procédé que le décret de prairial, dans les mots suivants : « Aucune concession ne peut avoir lieu qu'au moyen du *versement d'un capital...* » (1).

C'est qu'à un acte d'une nature spéciale il fallait logiquement une dénomination particulière.

D'après ces considérations, concluons que nous sommes en présence d'un droit exceptionnel. Dans le terrain concédé, il ne nous semble point possible de voir l'objet d'un droit précis de propriété ou de location, mais seulement une fondation pieuse temporaire ou perpétuelle, s'exécutant d'après les clauses du contrat de concession qui font la loi des parties, et non point conformément au droit commun.

ARTICLE II.

Acquisition du droit du concessionnaire.

§ I. — *De la délivrance des concessions par la commune.*

160. Elle est une faculté et non une obligation pour la commune.
161. Délibération du conseil municipal sur cet objet.
162. Rôle du maire.
163. Recours à l'autorité supérieure.

160. — Toute commune qui possède un cimetière public d'une étendue telle qu'il puisse contenir au moins cinq fois le nombre présumé des personnes décédées pendant le laps d'une année, sans tenir compte de l'espace qui doit être réservé pour les circonstances extraordinaires, telles qu'une épidémie, peut accorder des concessions à ceux qui en font

(1) Trib. de Coutances, 9 décembre 1846. Cabaret-Duperron c. Enreg. D. P. 47. 3. 206.

la demande (1). Ce n'est là pour elle qu'une simple faculté, et non point une obligation : personne ne peut l'y contraindre, pas plus l'autorité supérieure que les particuliers. Mais les concessions formant en définitive une source de revenus pour la commune, il est évident que celle-ci a un intérêt sérieux à les consentir. La commune qui établirait un nouveau cimetière est libre de garder l'ancien pour le consacrer spécialement aux concessions : ce procédé peut lui être avantageux, en supprimant une source de difficultés et de dépenses.

161. — Le conseil municipal décidera s'il y a lieu de permettre ou de refuser les concessions. Il peut prendre sur ce point toutes délibérations qu'il jugera opportunes. C'est ainsi, croyons-nous, qu'il autorisera valablement les seules concessions individuelles, tout en s'opposant à celles qui tendraient à fonder une sépulture de famille. De même, nous estimons que du moment où il a la liberté de refuser toute concession, il a le pouvoir de déterminer celles qu'il consent accorder, et que, par exemple, il pourra permettre les concessions temporaires non renouvelables et refuser les concessions perpétuelles. Des délibérations de cette nature seront régulièrement prises tant qu'elles ne se trouveront pas en opposition avec les documents législatifs que nous connaissons. Ainsi un conseil municipal, en accordant des concessions temporaires, ne pourrait pas statuer qu'elles seront renouvelables de droit ou destinées à durer plus de 15 ans ; il ne pourrait pas de même décider que les concessions trentenaires ne seront pas renouvelables : ce serait aller manifestement contre la volonté du législateur exprimée dans l'ordonnance du 6 décembre 1843.

Du pouvoir dévolu au conseil municipal de déterminer l'éta-

(1) C. d'Etat, 29 novembre 1833. D. A. v° Culte, n° 805.

blissement des diverses catégories de concession, résulte pour lui celui de désigner dans le cimetière le terrain qui devra être occupé par chacune d'elles. La question n'est pas uniquement de la compétence du maire, bien qu'il s'agisse là d'un intérêt de salubrité qui le concerne très spécialement ; mais elle a trait en même temps à l'aménagement du cimetière, aménagement sur lequel le conseil doit être appelé à délibérer. Si toutefois le conseil négligeait de s'occuper de ce point, la désignation serait régulièrement faite par le maire.

Le conseil municipal fixe la mesure maxima et minima du terrain qui pourra être occupé par chaque concession. Il doit avoir au moins deux mètres carrés. Cette mesure peut être augmentée, sur la demande des concessionnaires, pour établir des sépultures de famille. Mais deux mètres étant suffisants, on ne peut les contraindre à en demander davantage (1).

162. — Dans le terrain affecté aux concessions, le maire déterminera l'emplacement au fur et à mesure des demandes. Il est en effet chargé de la police et de la surveillance des lieux consacrés aux sépultures, et les arrêtés qu'il prend à cette occasion ne peuvent être interprétés que par l'autorité administrative.

Souvent cette désignation sera l'œuvre du concierge du cimetière, qui délivrera la concession à la suite de celles déjà octroyées. Il faut alors considérer ce concierge comme mandataire tacite du maire. Les mandats tacites sont d'ailleurs fréquents dans la pratique administrative.

163. — Le maire qui accorde ou refuse la concession à l'impétrant représente la commune et exécute une délibération du conseil municipal. Mais en même temps il accomplit un acte de police contre lequel le recours à l'autorité supé-

____

(1) Lettres du ministre de l'intérieur, 20 et 27 août 1889. D. A. v° Culte, n° 804.

rieure est possible (1). Cet acte de police se trouve particulièrement caractérisé quand le maire refuse une concession,
alors que le conseil municipal a décidé le principe qui les autorise et que le tarif qui les réglemente a été, comme nous
allons le voir, approuvé par le préfet. Rien ne s'oppose donc
au recours pour excès de pouvoir en cas de refus de concession, surtout quand ce refus présente les conditions d'une
injure particulière, et ne se trouve pas basé sur des motifs
d'intérêt général. Le refus qui s'appliquerait à toutes les
demandes, pour tels ou tels motifs déterminés (**2**), serait
plus facilement légitime.

Le maire, dans l'accomplissement de sa mission de gestion
et de police, outrepasse les termes de la délibération du conseil municipal, si, par exemple, il délivre la concession dans
un terrain autre que celui désigné par le conseil, ou si l'emplacement accordé est plus étendu que ne le comporte la mesure maxima fixée. Le droit concédé sera sans valeur, et ne
pourra point être opposé aux revendications ultérieures de
l'autorité municipale, car alors le maire était sans qualité
pour agir.

§ II. — Des tarifs.

164. Historique. Par qui fixés.
165. Comment votés. Comment gradués. Tarif général.
166. Part de la commune. Part des pauvres. Proportion et répartition.
167. L'attribution aux pauvres est nécessaire. Cas d'une donation de ter-
    rain pour cimetière, faite à la commune sans réserve de cette attri-
    bution.

164. — Nous avons établi que la redevance fournie par le

----

(1) V. infrà, n° 201.

(2) Ainsi, un maire, vu l'exiguïté du terrain consacré aux concessions, pourrait n'en accorder qu'aux personnes domiciliées dans la commune.

concessionnaire en retour du droit acquis ne peut être qualifiée de prix. La valeur vénale du terrain en effet est loin d'être proportionnée à sa valeur réelle : aussi a-t-on assimilé aux taxes municipales les sommes payées par les concessionnaires pour l'obtention de leurs droits.

Sous l'empire du décret de prairial, chaque demande de concession était directement soumise au gouvernement, qui autorisait l'acceptation des donations faites à la commune et aux pauvres dans les formes accoutumées, « sur l'avis des conseils municipaux et sur la proposition des préfets » (art. 11). L'ordonnance de 1843, supprimant cette marche incommode et trop lente, décentralisa l'action administrative et établit des tarifs gradués suivant les trois classes de concessions. D'après son article 7, ces tarifs étaient proposés par les conseils municipaux et arrêtés par le préfet. De plus, ceux destinés aux communes dont le revenu dépassait 100,000 fr. étaient réservés à l'approbation royale.

L'article 1er de la loi du 24 juillet 1867 étendit les pouvoirs des conseils municipaux sur ce point. Les délibérations qu'ils prenaient à propos de ces tarifs étaient suffisantes et souveraines. En cas seulement de désaccord entre le conseil municipal et le maire, la délibération n'était exécutoire qu'après le visa du préfet.

Aujourd'hui, aux termes de l'art. 58-7° de la loi municipale du 5 avril 1884, la connaissance de cette matière est partagée entre le préfet et les conseils municipaux. Ceux-ci votent les tarifs qui sont nécessairement et en toutes hypothèses soumis à l'approbation préfectorale. En outre, on ne s'occupe plus de la distinction entre les communes jouissant d'un revenu supérieur ou inférieur à 100,000 fr. L'approbation du préfet n'est nécessaire que pour les tarifs seulement ; les conseils municipaux restent donc parfaitement libres de modifier leurs règlements des concessions, sans son intervention.

165. — Le conseil municipal d'ailleurs n'est pas tenu de voter d'avance les tarifs pour concessions ; il peut attendre que chaque demande se produise. Il prendra alors, au fur et à mesure, une délibération pour autoriser ou refuser la concession et fixer la somme à payer , somme qui aura besoin, suivant notre règle établie, d'être approuvée par le préfet. Ce procédé, s'il peut se concevoir en théorie, ne sera pas d'une fréquente application dans la pratique. Il tendrait à compliquer les opérations déjà nombreuses des conseils municipaux : aussi est-il bien rare que la commune n'ait pas un tarif général des concessions. Ce tarif variera évidemment suivant les différentes localités, et sera en conséquence plus élevé dans les villes que dans les communes rurales ; mais il ne tiendra jamais compte de la qualité du concessionnaire. Que celui-ci soit donc un habitant de la commune ou un étranger, n'y ayant eu jusqu'alors aucun domicile, le taux ne variera pas (1). Mais le conseil municipal aura la faculté de graduer la redevance à fournir pour toute concession dépassant la limite minima de deux mètres, suivant un rapport ascendant établi de telle sorte que, proportions gardées, le concessionnaire d'un espace plus considérable paie davantage que le concessionnaire d'un terrain plus restreint (2).

166. — A qui profite la somme versée par le concessionnaire en échange de son droit? L'art. 11 du décret de prairial déclarait : « Les concessions ne seront accordées qu'à

(1) C. d'Etat, 10 février 1835. D. A. v° Culte, n° 801.
(2) Lettre du ministre de l'intérieur, 27 août 1839. Id. n° 804.

ceux qui offriront de faire des fondations et donations en faveur des pauvres et des hôpitaux, indépendamment d'une somme qui sera donnée à la commune ». La proportion entre ces deux versements n'était point fixée : de là pour l'administration une source féconde de difficultés. L'article 3 de l'ordonnance de 1843 la réglementa. « Aucune concession, dit-il, ne peut avoir lieu qu'au moyen du versement d'un capital, dont deux tiers au profit de la commune et un tiers au profit des pauvres ou des établissements de bienfaisance. » La redevance est donc double, envers la commune et envers les établissements charitables, suivant la proportion énoncée.

Le tiers qui revient aux établissements de bienfaisance et aux hôpitaux peut être, sans contredit, réparti entre eux au gré du conseil municipal, qui attribuera la somme proportionnellement ou non à tous, ou la destinera à un seul d'entre eux suivant les besoins du moment. Ajoutons que le concessionnaire est parfaitement libre de dépasser, au profit des établissements charitables, le tiers du montant de la concession : ce chiffre ne peut en effet être considéré que comme un minimum.

De même, la commune pourrait très bien recevoir davantage que les deux tiers de la somme fixée ; mais, à l'inverse, elle ne doit en aucune manière être frustrée de ce qui lui revient au profit des établissements de bienfaisance.

167. — La part attribuée aux pauvres est essentielle à la validité du contrat. Aussi bien la concession faite comme condition d'un legs ou d'une donation uniquement en faveur de la commune serait impossible. Supposons un donateur qui lègue à la commune un terrain destiné à devenir un cimetière, avec cette clause qu'il s'y réserve pour sa sépulture et celle des siens un emplacement désigné. L'opération pourra être avantageuse pour lui, et parfois frauduleuse pour la commune. De cette façon en effet, il se procurera peut-être, moyennant le sacrifice minime d'un terrain de peu d'importance, une véritable concession qui lui sera moins coûteuse que s'il agissait par le procédé ordinaire, si la valeur vénale du terrain est inférieure au taux ordinaire des concessions. Au cas cependant où la commune trouverait intérêt à la donation, faite d'ailleurs sans attribution de part aux pauvres, nous croyons qu'elle ne pourra être autorisée à l'accepter qu'en opérant au profit des établissements charitables le versement de ce dont ils ne peuvent être privés. Cela nous semble résulter du principe qui consacre en toutes hypothèses, dans notre matière, le double droit en faveur de la commune et en faveur des pauvres.

§ III. — *Du contrat de concession.*

168. Il est essentiellement à titre onéreux.
169. Comment il se forme.
170. Son enregistrement. Droits perçus variant suivant les catégories des concessions.
171. La transcription est-elle requise ?
172. Le droit du concessionnaire peut-il être prescrit ?

168. — La nécessité de la redevance à fournir par le concessionnaire prouve avec évidence que le contrat de concession est essentiellement à titre onéreux ; il ne saurait donc être établi à titre gratuit. La question s'est posée cependant : on s'est demandé si une commune, en reconnaissance d'un legs fait aux pauvres sans aucune charge, ne pourrait pas concéder gratuitement pour l'inhumation du donateur un terrain dans son cimetière (1). Il a été décidé que la commune ne pouvait pas renoncer au montant de la conces_sion; et on s'est particulièrement appuyé sur la considération que par le legs fait aux pauvres la commune n'était pas directement intéressée, et que d'ailleurs celle-ci n'a pas le droit de faire des libéralités. La principale raison à nos yeux est que la gratuité est contraire à l'essence du contrat de concession.

169. — Ce contrat est parfait dès qu'à la demande faite par l'impétrant le maire a répondu par l'arrêté accordant la concession. Dès lors le concessionnaire est obligé de s'en rapporter, quant à l'emplacement du terrain, à la désignation de l'autorité municipale, et, quant à la fixation de la somme à payer, aux tarifs de la commune (2). C'est du moins ce qui a lieu quand la demande est pure et simple, car alors il y a accord tacite des volontés et intention présumée, de la part de celui qui sollicite la concession, de se considérer comme obligé dès que l'arrêté sera rendu, sans qu'il soit besoin de ratification ultérieure.

Si au contraire des conditions ont été apposées à la demande, l'hypothèse est très différente. L'impétrant peut en effet désirer tel terrain désigné, et se réserver en conséquence la liberté de ne consentir au contrat que s'il l'obtient. La convention alors ne sera parfaite qu'après un accord exprès entre le concessionnaire et le maire.

170. — Quant à l'enregistrement des actes de concession,

(1) Bulletin du Ministère de l'Intérieur, année 1858, p. 30.
(2) Cassat., 31 janvier 1870. Galpin. D. P. 70. 1. 247.

nous avons eu déjà l'occasion de dire que l'administration, après avoir réclamé pour eux le droit de vente (1), leur a appliqué les droits des baux à durée illimitée quand il s'agit de concessions perpétuelles, les droits des baux à durée limitée en cas de concessions temporaires non renouvelables, les premiers étant de 4 %, les seconds de 0,20 % (2). Les concessions trentenaires avec faculté de renouvellement sont mises sur le même pied que les concessions perpétuelles pour la perception du droit. Cette assimilation ne nous paraît pas d'une parfaite justice. En effet, la faculté d'obtenir indéfiniment le renouvellement est bien offerte au concessionnaire; mais, par la nature même de son droit, il demeure parfaitement libre d'y renoncer ou de le modifier à l'expiration des trente ans. Sans doute, en fait, si la concession est sans cesse prorogée, elle aura comme le caractère de perpétuité; mais il n'en reste pas moins vrai, en stricte logique, qu'elle n'est pas perpétuelle, et que par conséquent le calcul du droit à percevoir devrait plutôt s'établir sur les bases d'un bail à durée limitée. Ce calcul d'ailleurs, tel qu'il est pratiqué par l'administration de l'enregistrement, n'est pas absolument exact. Les baux à durée illimitée sont frappés d'un droit de 4 0|0 évalué d'après un capital formé de vingt fois la rente ou le prix annuel; la même proportion devrait donc être gardée en ce qui concerne la concession. Or il n'en est point ainsi. La redevance convenue représente en réalité, non pas vingt fois, mais trente fois le prix annuel supposé. Pour que la propor-

(1) Dalloz, Jurispr. gén., v° Enregistrement, n° 3091.

(2) V. suprà, n° 157; — l. 22 frim. an VII, art. 68, § 1 ; 69, § 3 et 7; — l. 16 juin 1824, art. 1. — Circul. minist. de l'intér. 20 juillet 1841, 30 décembre 1843. — Instruction de la Régie, n° 1757, 30 juillet 1846. — Trib. de Lyon, 4 avril 1865. D. P. 67. 3. 63. — Garnier, Répertoire général de l'Enregistrement, v° Concession, n° 3473, § 1.

tion fût juste, il faudrait que le droit perçu par l'enregistrement ne portât que sur les deux tiers de la redevance, représentant vingt fois le prix annuel, et non pas sur la somme totale (1).

L'acte de concession doit être enregistré dans le délai de 20 jours qui suit sa formation parfaite (l. 15 mai 1818, art. 78).

171. — Doit-il être transcrit? La loi qui lui impose la nécessité de l'enregistrement ne le soumet nulle part à celle de la transcription. Pour expliquer ce point, il suffit de se rappeler et le but poursuivi par cette formalité et la nature du droit du concessionnaire.

La transcription est établie pour avertir les tiers de l'augmentation ou de la diminution opérée dans le patrimoine d'une personne : elle s'applique aux actes entre-vifs translatifs de propriété immobilière ou de droits réels susceptibles d'hypothèques, et aux actes constitutifs d'antichrèse, de servitude, d'usage et d'habitation (l. 23 mars 1855, art. 1 et 2). Or nous savons que, quelle que soit l'opinion admise sur le droit du concessionnaire, la concession n'est point un bien qui compte vraiment dans le patrimoine de celui qui l'a obtenue. Quel intérêt y aurait-il donc à la transcrire?

D'autre part, que la concession constitue pour certains une translation de propriété *sui generis*, ou qu'elle soit, ainsi que nous l'avons admis, un droit réel immobilier d'une nature spéciale, la transcription est toujours inutile, car le terrain auquel elle s'applique est insusceptible d'hypothèque. Ceux qui la considèrent comme faisant naître un droit de jouissance avec affectation spéciale et nominative, ne peuvent pas plus

(1) Garnier, Répert. de l'Enregistr., nᵒˢ 2016 et 2017.

conclure à la nécessité de la transcription. La loi en effet a donné une énumération limitative des actes qui y sont soumis, elle ne l'a pas ordonnée pour tous ceux quelconques qui contiendraient constitution ou translation de droits réels.

La transcription n'est donc pas requise. Par conséquent, dans le cas où le maire aurait par mégarde concédé le même terrain à deux personnes différentes, ce ne serait point celui dont l'acte aurait été transcrit qui devrait bénéficier de la concession, mais bien celui à qui elle aurait été attribuée en premier lieu, suivant la règle « *prior tempore, potior jure* ».

172. — Nous avons vu comment le droit du concessionnaire naît du contrat passé entre la commune et le solliciteur. Ne pourrait-il pas aussi être acquis par l'effet de la prescription ? Le cimetière faisant partie, comme nous l'avons démontré, du domaine privé et non du domaine public de la commune, les terrains qui le composent ne sont point imprescriptibles. Nous pensons néanmoins qu'à défaut de titre, une famille ne pourrait point se prévaloir de l'inhumation plus ou moins longue de l'un de ses membres dans un endroit réservé du cimetière pour réclamer le bénéfice de la concession. Toute concession en effet suppose de la part de l'administration une intervention quelconque, ou au moins une simple tolérance qui suffirait à empêcher la prescription de prendre naissance ; de plus, elle comporte nécessairement l'action de la police qui la protège et garantit en même temps les sépultures ordinaires. Or, contre les règlements de police, toute prescription est impossible.

Mais si le terrain est imprescriptible, nous n'en dirons pas autant de la redevance due par le concessionnaire. Comme toute obligation de payer, elle peut être éteinte par prescription : nous ne voyons pas de raison de déroger au droit commun.

ARTICLE III.

Transmission du droit du concessionnaire.

Distinguons la transmission vis-à-vis des étrangers et vis-à-vis des membres de la famille.

§ I. — *Transmission vis-à-vis des étrangers.*

173. 1° Transmission du terrain à titre onéreux impossible.
174. Il en est ainsi de la cession du droit. Toute spéculation interdite.
175. 2° Transmission à titre gratuit en principe impossible. Copropriété familiale du tombeau.
176. Tempéraments à cette règle. Désignations faites par le concessionnaire.

173. — *1° Transmission à titre onéreux.*

Ainsi que nous avons eu déjà l'occasion de le dire, toute disposition à titre onéreux des terrains concédés est impossible. La circulaire du 30 décembre 1843 enjoint à l'administration « de s'opposer à ce que ces terrains dépourvus du caractère de la propriété, et par conséquent inaliénables, soient l'objet de ventes ou de transactions particulières ». Elle appelle spécialement l'attention des préfets sur ce point « qui touche aussi directement aux intérêts de la morale et de la décence publique ». La jurisprudence sur cette matière, du reste, est constante ; elle déclare qu'une stipulation semblable est nulle comme contraire à la loi et portant sur un objet inaliénable (1). Un seul arrêt s'est prononcé dans un sens contraire :

(1) C. de Lyon, 19 février 1856. Dupont de Chavagneux. D. P. 56. 2. 178. — Cassat., 7 avril 1857. Id. D. P. 57. 1. 311. — C. de Lyon, 4 février 1875. D. P. 77. 2. 161. — Trib. de la Seine, 12 février 1876. Journal « le Droit », 13 févr. 76. — Trib. de Lyon, 30 juin 1877. Jouve c. Girard. D. P. 78. 3. 88. — Trib. de la Seine, 9 mai 1883. Campagne c. Nicolas. Sirey. 84. 2. 72.

tout en reconnaissant le principe général que le droit de sépulture dans les concessions est un droit personnel qui ne peut être rétrocédé, il a déclaré que ce droit pouvait néanmoins être l'objet d'une cession lorsqu'un usage local l'autorise et que le contrat de concession ne l'interdit pas (1). Il est à souhaiter que cette solution ne se généralise pas. Elle soumet en effet aux variations des coutumes locales une règle d'ordre public qui ne semble guère susceptible d'exceptions et qui n'a pas besoin d'être exprimée dans le contrat pour demeurer en vigueur.

174. — Pas plus que le terrain concédé, le droit du concessionnaire ne peut faire l'objet d'une cession (2). Toute idée de spéculation doit en effet être écartée du contrat ; un pareil trafic, s'il ressortait d'une des clauses expresses de l'acte de concession, rendrait celui-ci nul, car la clause devrait être considérée comme contraire à l'ordre public et aux bonnes mœurs. Alors même que l'acte ne contiendrait point semblable énonciation, le concessionnaire ne doit en aucune manière chercher à retirer de son droit un bénéfice pécuniaire, soit en aliénant ou en louant une place dans le terrain qui lui a été concédé, soit en y autorisant, moyennant un prix, l'inhumation d'un étranger. Nous n'avons point besoin de faire remarquer à quel point ces sortes d'opérations seraient incompatibles avec la nature de la concession. Rappelons que, d'après le vœu certain du législateur, celle-ci a pour but principal de permettre le groupement des ossements des membres d'une même famille dans un même lieu pour une durée plus longue que d'habitude, afin de favoriser le culte de ses

(1) C. de Lyon, 17 août 1880. D. P. 81. 2. 16.
(2) Trib. de la Seine, 1ᵉʳ avril 1882. Guérand c. Manent. D. P. 83. 3. 30.

morts et de maintenir plus facilement ses traditions : c'est assez dire combien les questions de spéculation et d'intérêt doivent demeurer étrangères à la matière.

175. — 2° *Transmission à titre gratuit.*

Cette idée que le terrain concédé est, avant tout, une chose de famille, nous amène à décider que le concessionnaire ne doit point être libre d'en disposer à titre gratuit au profit d'un étranger. Il y a là comme une sorte de copropriété familiale qu'on peut rapprocher avec juste raison du *jus sepulchri* des institutions romaines. La concession et le tombeau restent à la famille alors même que celle-ci serait écartée de la succession ; en conséquence, un légataire universel non parent ni allié du défunt n'y peut prétendre aucun droit (1). Les membres de la famille ne peuvent être privés de leur droit au tombeau par le bon plaisir du concessionnaire: cet héritage doit donc aller rigoureusement aux successeurs naturels ; et les étrangers (désignés soit par acte entre-vifs, soit par disposition de dernière volonté) doivent en principe être écartés (2).

176. — Il ne faudrait pas toutefois outrer la rigueur de cette règle, mais bien la concilier avec la liberté laissée au choix du concessionnaire et la nature de son droit. Ce droit, en tant qu'il porte sur la désignation des personnes à inhumer, est essentiellement personnel, et le concessionnaire doit en user librement aussi bien de son vivant que par testament. Nous n'admettons pas en principe les étrangers au tombeau de famille ; il faut cependant faire exception (et c'est un point aujourd'hui incontesté) en faveur des per-

(1) Trib. de la Seine, 9 mai 1883. Sirey, 84. 2. 72.
(2) C. de Lyon, 4 février 1875. D. P. 77. 2. 161.

sonnes unies au concessionnaire par des liens d'affection ou de reconnaissance.

L'autorité locale devra toutefois constater l'existence de ces liens, et c'est seulement en vertu d'une permission par elle délivrée que ces inhumations auront lieu (1).

Il faut encore reconnaître au concessionnaire le droit d'écarter, dans certaines circonstances données, des membres de la famille. Par contre, on doit décider qu'à la mort du concessionnaire, les clauses de son testament ayant trait au droit au tombeau seront exécutées tant que les droits des membres de la famille ne seront pas injustement lésés.

La libre désignation du concessionnaire pourra être entravée parfois par le maire remplissant son rôle de magistrat de police. C'est ainsi que ce dernier a le droit d'empêcher dans l'intérêt de l'hygiène publique l'inhumation dans une concession d'une personne morte à la suite d'une maladie infectieuse. Avant la loi du 14 novembre 1881 qui neutralisa les cimetières, c'était une question très délicate de savoir jusqu'à quel point ce magistrat avait le droit d'empêcher la sépulture dans une concession catholique d'une personne appartenant à un culte dissident. Aujourd'hui encore, des hypothèses embarrassantes pour lui peuvent se présenter, telle que serait celle de l'inhumation dans le même tombeau de personnes dont le rapprochement pourrait gravement atteindre la morale et la décence publique. Contre ces décisions du maire, émanant de son pouvoir de police, le recours pour excès de pouvoir, nous le savons, sera toujours possible.

(I) Trib. de la Seine, 1er avril 1882. D. P. 83. 3. 30.

§ II. — *Transmission vis-à-vis des membres de la famille.*

177. Transmission proportionnée à la part héréditaire.
178. Elle échappe aux règles de la quotité disponible et de la réserve.
179. Nomination possible par le concessionnaire du continuateur de son
droit.

177. — A la mort du concessionnaire, la transmission du droit de concession s'opère proportionnellement à la part héréditaire de chacun. Chaque cohéritier pourra donc l'exercer suivant cette mesure, et faire inhumer les siens dans le tombeau de famille, sous la condition de respecter les prescriptions de l'autorité et les droits de ses cohéritiers. Il ne sera point libre par conséquent de modifier, sans l'assentiment des autres, l'état du monument funèbre, d'en demander seul la translation, ou de changer l'épitaphe qui y est inscrite. Ce dernier point notamment a été tranché par un récent arrêt qui s'oppose à ce que la fille d'un concessionnaire, sans le consentement de ses cohéritiers, inscrive sur le tombeau de famille les mots « *à perpétuité* » qui ne s'y trouvaient pas (1).

Les droits des cohéritiers ne seront pas toujours égaux. Les dispositions testamentaires du concessionnaire peuvent en effet les modifier, et elles doivent être maintenues tant qu'elles ne sont pas contraires à l'acte de concession (2).

178. — Cette transmission n'est pas soumise aux règles

(1) C. de Bordeaux, 27 février 1882. Landreau c. Sazarin. D. P. 83. 2. 158.—
C. de Rouen, 21 mars 1884. Chandelier. D. P. 85. 2. 80. — Trib. de la Seine,
18 mars 1884. Revue générale d'administration, 1884, t. II, p. 332.

(2) Trib. de la Seine, 24 décembre 1856. D. P. 58. 3. 53. — Cassat. 7 avril
1857. D. P. 57. 1. 311.

qui gouvernent la quotité disponible et la réserve, car le terrain concédé est sans valeur appréciable et ne compte pas dans le patrimoine héréditaire : ainsi il a été jugé qu'un concessionnaire peut léguer le tombeau de famille à l'un de ses enfants, à l'exclusion des autres, alors même qu'il aurait épuisé la quotité disponible par des dispositions antérieures, parce que le tombeau ne peut être compris dans la masse de l'hérédité pour le calcul de la quotité disponible et de la réserve (1).

179. — Le chef de famille détenteur de la concession désignera parfois dans son testament les continuateurs de son droit, c'est-à-dire celui ou ceux de ses parents qui auront la charge de se prononcer sur les admissions dans le tombeau de famille : le procédé pourra couper court aux contestations qui s'élèveraient, et cadre bien avec le but supérieur de l'établissement des concessions dont nous avons parlé plus haut (2).

(1) C. de Lyon, 19 février 1856. D. P. 56. 2. 178.— Cassat. 7 avril 1857. D. P. 57. 1. 311. — C. de Lyon, 7 juillet 1883. D. P. 85. 2. 34.
(2) V. suprà, n° 145.

CHAPITRE IV.

DES SERVITUDES D'UTILITÉ PUBLIQUE RÉSULTANT DU VOISINAGE DES CIMETIÈRES.

§ I. — *Economie du décret du 7 mars 1808.*

180. Dispositions qu'il énonce.
181. Son accord avec le décret du 23 prairial an XII.
182. Il ne s'applique pas à la partie de la zone située du côté des habitations agglomérées distantes de 35 ou 40 mètres.
183. Cette exception constitue une tolérance et non un droit absolu.
184. En principe, la zone reste toujours fixée à 100 mètres, même en cas de déplacement des murs d'enceinte d'une ville.
185. La servitude ne concerne que les nouveaux cimetières transférés.
186. Elle n'existe pas en cas d'inhumation sur la propriété privée.
187. Liberté laissée à l'administration par la loi du 7 avril 1873.

180. — Il nous faut maintenant envisager la législation des cimetières vis-à-vis des tiers et rechercher quelles restrictions elle peut apporter à leurs droits. C'est le lieu de rappeler le texte de l'article 537 C. civ. portant que « les particuliers ont la libre disposition des biens qui leur appartiennent, sous les modifications établies par les lois ». Les servitudes légales d'utilité publique consacrées par le décret du 7 mars 1808 nous offrent l'une de ces importantes modifications ; examinons dans quel but et suivant quelle mesure elles limitent le droit de propriété.

D'après l'article 1er de ce décret, il est interdit d'élever aucune habitation et de creuser aucun puits dans une zone de 100 mètres autour des nouveaux cimetières transférés, à moins d'autorisation. En outre, d'après l'article 2, les bâtiments existants, sauf toujours autorisation, ne pourront point être restaurés. Quant aux puits, ils pourront, après visites contradictoires d'experts, être comblés en vertu d'un arrêté du préfet, sur la demande de la police locale.

La pensée de satisfaire à l'intérêt de l'hygiène publique, que nous avons déjà constatée chez le législateur à propos de l'établissement des cimetières, a encore été ici son mobile. Du reste, on peut dire en vérité que le décret de 1808 est le complément des dispositions du décret du 23 prairial an XII portant qu'une distance minima de 35 mètres doit nécessairement séparer les lieux de sépulture nouvellement transférés des agglomérations d'habitations.

181. — Ces deux documents législatifs se complètent l'un et l'autre, disons-nous. Le décret de prairial en effet, tout en fixant la mesure nécessaire de l'espace de terrain à ménager entre les lieux habités et les cimetières, ne contenait aucun texte prohibant d'y élever à l'avenir des constructions dans la zone laissée libre ; en comblant cette lacune, le décret de 1808 empêchait donc les dispositions de celui de prairial de devenir illusoires.

Ajoutons que ces deux décrets, quoi qu'on en ait dit, ne sont point contradictoires. On a voulu opposer l'une à l'autre les deux distances de 35^m et de 100^m données par eux, sans observer qu'elles n'ont point le même champ d'application. La différence est remarquable cependant et ressort de la comparaison des textes. Les 35 mètres qui doivent séparer le cimetière transféré des bâtiments agglomérés sont requis comme condition nécessaire de son établissement régulier ; et cette règle, en dépit de toutes les circonstances de fait qui pourraient être alléguées, ne souffre aucune exception. **Les** 100 mètres au contraire dont se compose la zone dans laquelle aucune habitation ne peut être élevée ni aucun puits creusé ne sont point en toutes hypothèses absolument obligatoires. L'administration sera juge si, sous l'empire de la nécessité ou par suite des conditions de nature du sol et même d'aération suffisante de la maison projetée, la règle ordinaire peut être transgressée ; dans ce cas, elle autorisera valablement la construction de l'édifice isolé, ou la perforation du puits (1).

Les dispositions des deux décrets ne sont donc point inconciliables ; et celui de 1808, en défendant d'élever des constructions et de creuser des puits à moins de 100 mètres des nouveaux cimetières, « ne fait point obstacle à ce qu'un cimetière soit établi à moins de 100 mètres des habitations ou des puits existants, pourvu qu'il soit placé à 35 ou 40 mètres des habitations agglomérées (2) ».

182. — En pratique, toutefois, les prohibitions de ce décret ne sont point appliquées dans la partie de la zone qui se trouve du côté des habitations distantes de 35 à 40 mètres, et la circulaire du 30 décembre 1843 le reconnaît justement. Le contraire en effet ne serait ni équitable ni utile, car la translation du cimetière à la distance légale a dû avoir précisément pour effet d'exonérer de toute servitude les constructions agglomérées, l'administration ayant considéré, par le fait même, que cette distance était suffisante. En fait, c'est comme si, en vertu du droit qui lui est donné par le décret de 1808, elle au-

---

(1) C. d'Etat, 7 janvier 1869. D. P. 70. 3. 6.
(2) Ducrocq, Droit administ. t. II, n° 865. — C. d'Etat. 11 mars 1862. Chapot. D. P. 67. 3. 40.

torisait l'existence de chacune de ces constructions dans la zone de 100 mètres.

183. — L'assimilation ne doit cependant pas être poussée trop loin, l'administration ayant bien en effet le droit d'autoriser une construction isolée, mais non point celui de permettre l'établissement d'habitations agglomérées. Aussi croyons-nous que la restriction de la zone légale de 100 mètres à 35 mètres de ce côté constitue une simple tolérance et non point un droit absolu. D'ailleurs, s'il y avait là un droit, le décret ne le mentionnant pas, il ne pourrait être établi, aux termes mêmes de la circulaire du 30 décembre 1843, que par une disposition législative, seule capable de modifier « un décret réglant une matière d'ordre public et ayant force de loi ».

184. — Les prescriptions du décret sont tellement rigoureuses (et c'est là une preuve de la simple tolérance dont nous venons de parler), qu'au cas où le cimetière viendrait à se trouver plus rapproché des habitations agglomérées par suite, par exemple, de l'agrandissement d'une ville et de la démolition de son mur d'enceinte reporté plus près du cimetière, les habitations comprises dans la zone de 100 mètres ne seraient pas moins frappées de la servitude en question. Une loi seule pourrait changer cet état de choses (1).

185. — D'après l'article 1er du décret, ces prescriptions s'appliquent « aux nouveaux cimetières transférés hors des communes en vertu des lois et règlements ». Il faut en conclure *à contrario* qu'elles ne visent point les anciens cimetières dont la translation n'a pas été opérée, et qui se trouvent encore dans l'enceinte des villes, bourgs et communes rurales.

(1) Cassat. 27 avril 1861. Bartel. D. P. 61. 1. 498,

Cette solution universellement admise est d'ailleurs logique : n'étant pas soumis à la distance de 35 mètres, ils doivent encore moins l'être à celle de 100 mètres (1).

Mais si les anciens cimetières n'ont pas été transférés parce qu'ils se trouvaient déjà dans la situation légale, c'est-à-dire à 35 mètres au moins des habitations groupées, nul doute pour nous qu'il ne faille leur appliquer la règle générale et que les propriétés voisines ne soient frappées de la servitude que nous étudions. Cette décision semble bien conforme à l'esprit du décret de 1808 (2).

186. — Nous ne pourrions pas admettre que cette même servitude grève les propriétés qui entourent les sépultures en terrain privé. Le décret ne parle que des cimetières publics, et ses dispositions rigoureuses ne doivent pas être étendues au delà de leurs limites précises. La situation n'est pas la même d'ailleurs : l'intérêt de la salubrité publique est bien moins en jeu quand il s'agit d'inhumation isolée dans un terrain particulier. L'administration sera du reste toujours à même de prescrire, en cas de nécessité, les mesures sanitaires à prendre, ou d'ordonner l'exhumation, s'il y a lieu, se fondant pour cela sur le pouvoir de police qui lui est dévolu.

187. — Cette servitude est donc de droit étroit ; et pour l'établir en dehors de ses cas d'application habituels, il faudrait une disposition législative formelle.

Conformément à ce principe, la loi du 7 avril 1873, relative aux tombes des soldats morts pendant la dernière guerre, contient un article spécial qui laisse à l'administration préfecto-

(1) Décision ministérielle du 17 mars 1839. — Cassat. 17 août 1854. Malrie. D. P. 54. 1. 371.

(2) Arrêts Malrie et Bartel.

rale, sous le contrôle du ministre, le soin de décider « dans quelle mesure les terrains environnant les tombes seront soumis aux servitudes établies par les décrets ». L'administration jugera suivant les cas, d'après le nombre des inhumations surtout, s'il y a lieu de considérer ces terrains comme des propriétés privées, ou comme des cimetières publics, et, dans cette dernière hypothèse, d'établir la servitude en question.

§ II. — *La question de l'indemnité.*

188. Solution logique.
189. Solution légale commune aux différentes servitudes d'utilité publique.
190. L'indemnité est due en dehors des cas d'application du décret de 1808, notamment en raison des exhalaisons malsaines.

188. — Des explications précédentes il ressort que l'établissement de cette servitude apporte une importante restriction à l'exercice du droit de propriété. Les terrains qu'elle atteint peuvent subir de ce fait une grave dépréciation : aussi devons-nous nous demander si les propriétaires ont le droit de réclamer une indemnité en raison du préjudice qui leur est causé.

La raison et l'équité, à nos yeux, se prononcent en faveur d'une action en dommages-intérêts. La loi déclare que nul ne peut être contraint de céder sa propriété, si ce n'est pour cause d'utilité publique et moyennant une juste et préalable indemnité (art. 545 C. civ.). Cette règle tutélaire, d'après la jurisprudence et la doctrine, s'applique aussi bien à l'expropriation partielle qu'à l'expropriation totale. Or, le fait de la création d'une servitude n'équivaut-il pas à une expropriation partielle ? La propriété a-t-elle pour unique élément la détention de la chose possédée ? Ne comprend-elle pas en même temps le libre exercice et la libre jouissance de tous les droits qui y sont attachés, et faut-il voir une différence essentielle entre l'expropriation d'une parcelle de terrain et l'expropriation d'un des avantages qui résultent pour le propriétaire de son droit de propriété ?

189. — Une jurisprudence constante, néanmoins, et la grande majorité des auteurs admettent le principe de la non-indemnité (1). Il faut dire en effet que le souverain motif d'équité que nous venons d'invoquer ne se trouve nullement confirmé par les textes. Du rapprochement des articles 545 et 649 du Code civil on est obligé de conclure que la loi accorde bien l'indemnité lorsque l'expropriation aboutit à la dépossession matérielle de la portion du sol et, partant, à l'anéantissement du droit de propriété, tandis qu'elle est muette quand il s'agit de la restriction apportée à ce droit par l'établissement d'une servitude d'utilité publique.

La question est d'ailleurs générale, et se pose pour toutes

___

(1) La question, à propos des servitudes militaires, a été résolue :

1° *Dans le sens de la non-indemnité, par* :

Proudhon, Domaine public, n° 322. — Favard de Langlade, Répert., v° Expropriation, n° 18. — Delalleau, Traité des servitudes militaires, n° 659. — De Cormenin, Questions de droit administratif, t. II, p. 461, 469. — Jousselin, Traité des servitudes publiques, t. I, p. 137. — Laferrière, Droit administratif, t. II, p. 483. — Ducrocq, Droit administratif, t. I, n° 371.

Cf. C. d'Etat : 22 novembre 1836. D. P. 38. 3. 109. — 23 juillet 1840. D. P. 41. 3. 510. — 24 juillet 1856. D. P. 57. 3. 9. — 5 février 1857. D. P. 57. 3. 74. — Cassat., 8 mai 1876. D. P. 76. 1. 252.

2° *Dans le sens de l'indemnité, par* :

Pardessus, Traité des servitudes, n° 136. — De Gérando, Cours de droit administratif t. IV, p. 359. — Ch. Conte, Traité de la propriété, ch. xxvi, p. 469. — Foucart, Eléments de droit public et administratif, liv. II, tit. 5, t. I, p. 658. — Demolombe, Servitudes, t. I, n°s 560 et 570.

les servitudes de cette sorte. Nous la trouvons débattue lors de la discussion de la loi sur la police des chemins de fer (15 juillet 1845) et, à une date antérieure, à propos de la loi sur les fortifications de Paris (3 avril 1841). Elle fut toujours expressément tranchée dans le sens de la non-indemnité. Il ne peut y avoir lieu à dommages-intérêts que si un texte formel le prescrit, comme il arrive en cas d'établissement de canaux d'irrigation ou en matière de servitude de halage, et encore pour les terrains avoisinant les lieux de sépulture des soldats morts pendant la dernière guerre. Observons, sur ce dernier point, que le rapporteur de la loi du 4 avril 1873 fit spécialement remarquer que c'était là une dérogation formelle au principe général de non-indemnité, qui ne devait de ce fait subir aucune atteinte (1).

Pour justifier ce principe, certains arrêts et quelques auteurs ont voulu comparer les servitudes d'utilité publique en question aux servitudes légales définies par le Code, servitudes ne donnant point lieu à l'indemnité, et les y ont assimilées. Mais ils n'ont point assez remarqué que ces dernières ont été établies par la loi dans un but d'intérêt général, et que d'ailleurs leur généralité et leur réciprocité forment le droit commun de la propriété, quand il en est tout autrement pour les servitudes d'utilité publique. Il serait en effet bizarre de soutenir qu'en cette matière le sacrifice fait par le propriétaire grevé se trouve compensé par la part qu'il recueillera du bienfait général procuré par la création de la servitude (2).

En résumé, il nous faut bien reconnaître que, d'après les textes, aucune indemnité n'est due pour l'établissement des

---

(1) Ducrocq, Droit administ., nᵒˢ 846, 848, 862.
(2) Dalloz, Jurisprud. gén, vᵒ Culte, nᵒ 816.

servitudes d'utilité publique, lorsqu'une loi spéciale ne l'ac_
corde pas. Nous n'avons point à rechercher les motifs de cette
règle, posée peut-être pour des raisons d'économie budgétaire
ou dans le but de simplifier des difficultés d'appréciation le
plus souvent fort délicates ; mais il ne nous est pas possible
de ne point regretter que notre législation ne se trouve pas
conforme avec le principe de haute équité que nous avons
essayé de faire ressortir.

190. — Mais s'il n'est pas dû d'indemnité pour l'établissement de la servitude, peut-il en être réclamé une au sujet
des autres dommages résultant du voisinage du cimetière,
notamment au sujet des exhalaisons malsaines? Il semblerait
tout d'abord qu'aucune différence n'existe entre les deux cas,
et que du moment où la loi n'accorde pas l'indemnité pour la
création de la servitude, elle doit la refuser à plus forte raison
pour des préjudices moins graves. Mais il faut observer d'autre part que les dommages qui résultent des deux cas sont de
genre différent et ne sont nullement la conséquence l'un de
l'autre. Un cimetière peut parfaitement être établi dans toutes
les conditions légales d'hygiène, de police, de distance des
habitations, et cependant occasionner des exhalaisons malsaines qui proviennent de la faute ou de la négligence de l'administration, et dont les voisins doivent en conséquence être
justement indemnisés. Aussi la jurisprudence décide-t-elle
que l'action en dommages-intérêts sera valablement inten-
tée (1).

Elle déclare les tribunaux civils compétents pour connaître de la réclamation, en vertu des articles 1382 et 1383 du

(1) C. d'Etat, 8 mars 1855. Ville de Paris c. Vincent. D. P. 55. 3. 52. — Id.
22 décembre 1876, D. P. 77. 3. 26. Laurent c. ville de Paris.

Code civil, qu'elle étend ainsi aux rapports des particuliers avec l'administration, ne jugeant pas possible d'en remettre l'appréciation aux conseils de préfecture qui, d'après l'art. 4 de la loi du 28 pluviôse de l'an VIII, ne sont appelés à statuer que lorsqu'il s'agit d'un dommage direct, matériel et actuel, provenant de l'exécution de travaux publics.

D'après cette jurisprudence, le particulier qui, par suite du voisinage d'un cimetière, souffre d'un préjudice autre que celui qui résulte de la nécessité de se conformer aux prescriptions du décret de 1808, peut donc se faire indemniser par les tribunaux aussi bien qu'un propriétaire gêné dans l'exercice de son droit par les entreprises du voisin.

§ III. — *Juridiction compétente.*

191. Autorité judiciaire.
192. Elle déterminera le caractère d' « habitations ».
193. Application des règles ordinaires de la prescription. Critique de ce système.

191. — Quelle sera la juridiction compétente en ce qui concerne les infractions commises contre les prescriptions du décret de 1808 ? Le décret ne la désigne point. Il faut donc s'en rapporter au juge commun en matière de contraventions. L'autorité administrative, par conséquent, n'a point mission pour interpréter et appliquer le décret (1). Si elle a connaissance d'un fait constituant une contravention, au lieu de la réprimer elle-même, elle devra la signaler à l'autorité judiciaire, seule compétente. C'est le juge de police, en vertu de l'art. 471, § 15, du Code pénal, qui décidera la démolition

(1) C. de préfecture de la Seine, 24 juillet 1883. Revue générale d'administration, 1883, t. III, p. 458.

ou la conservation de la construction ou du puits, et prononcera la peine, s'il y a lieu, après avoir apprécié dans chaque espèce les circonstances de fait.

192. — Quand il s'agit d'une construction, cette appréciation porte avant tout sur son caractère et sa destination. D'après une jurisprudence constante, en harmonie avec le but de salubrité publique voulu par le décret de 1808, il ne faut considérer comme soumis à la servitude que les bâtiments dans lesquels se rencontre le fait de la présence habituelle quoique non permanente de l'homme. C'est là le sens qu'il convient d'appliquer au terme « *habitation* » qu'emploie le décret, ce terme, ainsi que l'observe judicieusement l'annotateur de Dalloz, devant évidemment, dans une loi spéciale, être entendu « *secundum subjectam materiam* » (1). Il est certain en effet qu'en matière de voisinage de cimetière il ne peut plus avoir exactement le même sens que celui attribué par la jurisprudence en matière de chasse, de mines, de contributions directes, etc. L'intérêt de l'hygiène publique n'est pas seulement en cause lorsque la construction en question est destinée à l'habitation de jour et de nuit ; il doit être encore sauvegardé lorsque l'occupation en est habituelle et temporaire. C'est ainsi qu'on a compris sous la dénomination d'habitation l'atelier où se réunissent des ouvriers pendant le jour d'une façon périodique et habituelle, quand bien même il ne consisterait qu'en un simple hangar non clos (2), ou encore les caves et celliers établis pour un commerce de vins, dans une région où ce commerce constitue l'industrie principale, et comportant la présence habituelle d'employés (3). Le juge de

(1) Cassat. 27 avril 1861. Bartel. D. P. 61. 1. 498.
(2) Cassat. 10 juillet 1863. Joubert. D. P. 63. 1. 482.
(3) Arrêt Bartel.

l'action est en même temps le juge de l'exception ; c'est pour cette raison que le tribunal de police saisi de la poursuite en contravention au décret et de la demande en démolition de la construction, déterminera le caractère de celle-ci et décidera si elle constitue une habitation ; et si plus tard la Cour de cassation est appelée à connaître de l'affaire, elle rectifiera l'erreur de droit que le premier juge aurait pu commettre dans la qualification légale de cette construction (1).

193. — D'après la jurisprudence de la Cour de cassation, les règles et les effets de la prescription concernant les contraventions de police sont applicables en cette matière. Le délai de cette prescription étant d'un an, il faudrait donc décider qu'une fois l'année écoulée, il n'y aurait plus aucun moyen de faire disparaître la construction ou le puits illégalement établis. Par la même raison, on devrait admettre que la prescription est également acquise lorsque trente ans se sont écoulés depuis le prononcé du jugement qui ordonnait la démolition, sans que ce jugement ait reçu exécution. Cette doctrine nous paraît difficile à accepter.

La contravention dont il s'agit en effet est bien de celles qu'on peut appeler permanentes et successives : la soumettre à la prescription est faire une application exagérée des articles 640 et 642 du Code d'instruction criminelle et attaquer gravement le principe qu'on ne prescrit pas contre l'ordre public.

(1) **Arrêts** précités.

§ IV. — *Conditions d'application du décret.*

194. — Le décret de 1808, en prohibant d'élever sans autorisation des constructions dans la zone de 100 mètres environnant les cimetières, interdit par voie de conséquence d'augmenter celles qui existeraient déjà. En outre, il défend expressément de les restaurer. Le législateur ne pouvait ordonner la suppression immédiate de ces constructions : c'eût été une atteinte trop violente portée au droit des propriétaires, surtout en ne les indemnisant pas. Il laissa donc simplement au temps le soin d'accomplir son œuvre de destruction naturelle, sans entraver la libre jouissance des propriétaires. On applique alors dans cette matière ce qui se pratique à propos de la servitude d'alignement. Pour les réparations, on distingue donc entre les travaux d'embellissement et les travaux confortatifs : ces derniers seuls sont interdits.

195. — Faudrait-il toutefois refuser à l'administration le droit de supprimer directement une construction dangereuse pour la salubrité publique, d'une date antérieure au décret de 1808, et est-on forcé d'attendre qu'elle disparaisse par suite de sa vétusté ? Le décret ne tranche pas ce point important pour les habitations comme il le fait pour les puits, qu'il permet de combler après enquête et visites contradictoires d'experts. Mais la loi du 13 avril 1850 sur les logements insalubres est venue combler cette lacune et compléter sur cette matière les dispositions du décret. D'après cette loi, dans toute commune où le conseil municipal l'aura déclaré nécessaire, une commission municipale sera nommée qui recherchera et indiquera les lieux insalubres, déterminera leur état d'insalubrité, en fixera les causes et les moyens d'y remédier. Sur le rapport de cette commission, le conseil municipal pourra ordonner aux propriétaires certains travaux d'assainissement, s'ils sont reconnus utiles ; dans le cas où l'insalubrité est déclarée irrémédiable, il prononcera la fermeture provisoire de l'établissement. L'interdiction absolue ne pourra être prononcée que par le conseil de préfecture, sauf recours au conseil d'Etat. L'article 13 de la loi ajoute que lorsque l'insalubrité est le résultat de causes extérieures et permanentes (comme évidemment le voisinage d'un cimetière) ou lorsque ces causes ne peuvent être détruites que par des travaux d'ensemble, la commune pourra acquérir, suivant les formes de l'expropriation publique, la totalité des propriétés comprises dans le périmètre des travaux.

196. — S'agit-il d'un puits établi dans le voisinage du cimetière ? Nous venons d'indiquer que le décret de 1808 a réservé à l'administration le droit de supprimer ceux qui existaient au moment de sa promulgation, après enquête et visites contradictoires d'experts. Quant à ceux creusés depuis cette date avec autorisation, il ne faut point mettre en doute que pour une raison ou pour une autre, par suite des infiltrations, par exemple, amenant la décomposition de l'eau, l'administration n'ait le droit de les supprimer également. Le décret, il est vrai, est muet à ce sujet ; mais les hypothèses sont identiques, l'intérêt de la salubrité publique étant toujours en jeu.

Le texte du décret ne dit rien non plus des réparations dont les puits peuvent avoir besoin. Il est évident qu'elles doivent être permises, tant qu'elles ne changent pas l'état des choses, ce qui arriverait, par exemple, dans le cas où des travaux feraient venir dans un puits une eau qu'il ne recevait pas jusqu'alors. Ce résultat obtenu serait analogue à la création d'un puits nouveau, et dans cette hypothèse une autorisation administrative serait nécessaire.

§ V. — *Dérogations aux dispositions du décret.*

197. Autorisation de construire ou de creuser. Par qui donnée ?
198. Cas de recours à l'autorité supérieure ou d'annulation de l'autorisation.
199. La faculté de construire comporte celle de restaurer et d'agrandir.

197. — Parlons maintenant de cette autorisation et de ses formes. Devant elle les dispositions du décret de 1808 s'évanouissent, et il ne peut plus être question de servitude. A la différence de ce que nous avons constaté en matière de contravention aux prescriptions du décret, ce n'est plus l'autorité judiciaire qui est compétente; c'est à l'autorité administrative de juger les raisons de se prononcer ou non en faveur de cette autorisation. Concluons-en de suite que si devant le tribunal de police une difficulté surgit à propos d'une autorisation de construire ou de creuser un puits, alléguée par la partie en cause, ce tribunal devra surseoir jusqu'à l'interprétation des termes et de la portée de cette autorisation par l'autorité administrative, seule compétente.

Cette autorisation est donc un acte purement administratif et doit être expresse (1). Elle est donnée par le maire agissant

(1) Cassat. 17 janvier 1863. Roze. D. P. 66. 5. 428.

en vertu de son pouvoir de police municipale, mais non comme représentant de la commune. Il en résulte qu'un contrat ne pourrait intervenir entre un particulier et le maire obligeant ce dernier à accorder l'autorisation dans un délai fixé ou sous telles conditions déterminées (1).

198. — L'arrêté du maire refusant l'autorisation demandée ne peut point être attaqué par la voie contentieuse, car il émane de son pouvoir discrétionnaire. Au cas seulement où il aurait été rendu dans un but tout autre que celui de l'hygiène publique, il serait susceptible de recours pour excès de pouvoirs. La voie gracieuse demeure toujours ouverte. En outre, le préfet a la faculté de réformer de son propre mouvement l'arrêté du maire autorisant la construction ou l'établissement du puits, s'il estime que cette autorisation serait nuisible à la salubrité publique. Il aura le droit d'intervenir jusqu'à ce que les travaux autorisés aient reçu un commencement d'exécution.

Quant au maire, il ne pourrait jamais annuler lui-même sa propre décision; l'autorisation qu'il a donnée, quand bien même elle n'aurait pas encore été suivie d'exécution, constitue un droit acquis pour celui qui l'a obtenue.

199. — Une fois l'autorisation accordée, la construction sera élevée sans entraves. Elle pourra, dans la suite, être restaurée, si besoin en est, car la défense de réparer ne vise que les bâtiments d'une date antérieure au décret. Elle pourra même être agrandie, à condition toutefois que les agrandissements ne constituent pas une construction absolument distincte et séparée de l'ancienne, et qu'en conséquence

(1) C. d'Etat, 6 janvier 1855.

cet édifice récent ne se trouve pas dans des conditions hygiéniques sensiblement différentes, auquel cas une nouvelle autorisation serait nécessaire.

Il faudrait encore décider, croyons-nous, que l'autorisation est obligatoire pour élever une construction qui dans le principe ne serait pas destinée à l'usage habituel quoique non permanent de l'homme, mais qu'en raison de sa disposition un simple changement de volonté pourrait y affecter. S'il en était autrement, le moyen serait trop facile d'éluder les prescriptions de la loi.

CHAPITRE V.

DE LA POLICE DES CIMETIÈRES.

ARTICLE I.

Nature du droit de police et de surveillance.

200. Généralité de l'article 16 du décret de prairial.
201. Voies de recours contre la décision de l'autorité municipale.
202. Substitution possible de l'action du préfet à celle du maire.
203. Droit d'initiative donné aux préfets par la loi du 5 avril 1884.
204. Intervention commune des autorités civile et ecclésiastique dans l'ancien droit. Aperçu de leurs réglementations.
205. Que comprend le pouvoir de police donné au maire?
206. Conséquences de ce pouvoir en ce qui concerne l'inhumation faite dans un cimetière autre que celui de la commune du défunt.

200. — Nous avons été fréquemment amené, dans les pages qui précèdent, à considérer sous son double aspect le rôle du maire, suivant qu'il représente la commune en gérant ses intérêts ou qu'il exerce le pouvoir de police municipale qui lui est dévolu; et nous avons déterminé, quant à l'objet de notre étude, les conséquences qui résultent de cette distinction.

Il est temps maintenant d'envisager dans son ensemble ce pouvoir de police que nous avons étudié dans quelques-unes de ses applications, notamment à propos de la délivrance du permis d'inhumer, et que nous rencontrerons encore au sujet de l'autorisation des sépultures en terrain privé.

Il se trouve expressément énoncé dans l'article 17 du décret de prairial qui soumet les lieux de sépulture « à l'auto-

rité, police et surveillance des administrations municipales ».
Evidemment, c'est là un texte d'une portée générale, où le
maire puisera la source de son droit. Les prescriptions de la
loi ne peuvent être ni absolues, ni très précises dans une matière où forcément il doit être tenu compte des circonstances
de fait et de lieu, des conditions de l'hygiène et de l'intérêt
de la morale publique, circonstances qui varieront avec chaque hypothèse. Aussi bien, il était juste de décider que, tout
en se conformant à certaines règles générales de police, on
devait surtout s'en référer aux règlements particuliers dont
l'initiative serait laissée au maire, plus à même que personne
de juger les mesures à prendre suivant chaque cas particulier.

201. — Les décisions et règlements du maire exerçant son
pouvoir de police sont toujours réformables par la voie gracieuse, et n'échappent point par conséquent au droit généra-
de recours hiérarchique au préfet, et du préfet au ministre.
Disons encore que si, en vertu des principes souvent rap-
pelés déjà, ils ne peuvent être attaqués par la voie contentieuse, le recours au conseil d'Etat pour excès de pouvoir
est toujours possible. Cette règle générale trouve naturellement là son application : il eût été impossible en effet « d'enlever aux familles, dans une matière qui touche à des intérêts
si graves, à des sentiments si profonds et si respectables, le
recours contre les négligences, les passions locales, les abus
de pouvoir dont peuvent être affectés les actes de l'autorité
municipale » (1).

Observons toutefois que ce recours pour excès de pouvoir
n'est possible qu'aux seuls intéressés, qu'à ceux qui ont di-

(1) Ducrocq, Note sur l'arrêt de la Cour de Poitiers du 30 mai 1884, § 6.
D. P. 84. **2**. 193.

rectement souffert de la décision prise par l'autorité municipale. Il faudrait en conséquence le refuser aux habitants d'une commune, et même aux concessionnaires de terrains dans un cimetière, lorsque les actes en question ne portent pas atteinte directe à leurs droits (1). Nous savons, au contraire, que lorsqu'il s'agit, non point de déférer au conseil d'Etat les actes de l'administration pour la police des lieux de sépulture, mais bien l'arrêté par lequel le préfet règle les conditions de translation d'un cimetière, tous les habitants ont le droit d'intervenir (2).

Il est inutile de rappeler que ce recours pour excès de pouvoir n'autorise point le conseil d'Etat à prescrire les mesures qui peuvent être la conséquence de l'annulation par lui prononcée, contrairement au recours par la voie contentieuse qui permet de statuer au fond et par conséquent de remplacer la décision attaquée par une décision nouvelle.

202. — L'autorité préfectorale, ainsi que nous venons de le remarquer, peut toujours, sur la réclamation de la partie lésée, annuler la décision, prise par le maire. Mais peut-elle de son propre mouvement se substituer au rôle de celui-ci ? L'article 85 de la nouvelle loi municipale, reproduisant textuellement la disposition de l'article 15 de la loi de 1837, nous fournit une réponse à cette question : « Dans le cas, dit-il, où le maire refuserait ou négligerait de faire un des actes qui lui sont prescrits par la loi, le préfet peut, après l'en avoir requis, y procéder d'office par lui-même ou par un délégué spécial ».

Cette règle générale a toujours reçu son application au

---

(1) C. d'Etat, 16 avril 1880. D. P. 81. 3. 10 ; 8 août 1873. Delucq. D. P. 74. 3. 44.
(2) V. suprà, n° 107, et C. d'État, 10 janvier 1856. D. P. 56. 3. 43 ; 13 décembre 1878. D. P. 79. 3. 35. — Contrà : 14 avril 1861. D. P. 62. 3. 1.

sujet des décisions concernant les sépultures (1), et elle se trouve confirmée par la jurisprudence constante du ministère de l'intérieur (2). Un récent arrêt du conseil d'État (3) est cependant en contradiction avec cette solution. Il annule pour excès de pouvoir un arrêté préfectoral qui accordait dans un cimetière communal une concession refusée par le maire, et se fonde sur ce que « la mesure dont il s'agit n'était pas de celles auxquelles il peut être procédé d'office par le préfet, par application de l'article 15 de la loi du 18 juillet 1837 ». Ce motif ne nous paraît pas pouvoir être justifié. L'acte, en effet, pour l'exécution duquel le préfet substitue son autorité à celle du maire n'est point un acte purement de gestion, mais bien en même temps un acte de police, et par conséquent n'est point, par sa nature, réservé à la connaissance exclusive et nécessaire du maire (4). D'ailleurs, du soin avec lequel l'arrêt dont nous parlons relève les circonstances particulières de la cause, il est permis de conclure que la jurisprudence du conseil d'Etat ne se trouve pas manifestement changée sur la question générale.

203. — L'article 85 de la loi du 5 avril 1884 prévoit seulement l'hypothèse où le maire refuse ou néglige, après avertissement du préfet, de prendre une mesure à laquelle il est obligé par la loi, qu'il n'est pas libre de ne pas exécuter. Mais l'article 99 de cette même loi va plus loin, et dispose que « les pouvoirs qui appartiennent au maire ne font pas obstacle au droit du préfet de prendre, pour toutes les com-

---

(1) V. notamment : C. d'Etat, 27 décembre 1860. Masson. D. P. 6 1. 3. 9, et 23 février 1861. Chaussavoine. D. P. 61. 3. 22.

(2) Ducrocq, Note de l'arrêt précité.

(3) C. d'Etat, 20 avril 1883, de Bastard. D. P. 84. 3. 106.

(4) V. suprà, n° 163.

munes du département ou plusieurs d'entre elles, et dans tous les cas où il n'y aurait pas été pourvu par les autorités municipales, toutes mesures relatives au maintien de la salubrité, de la sûreté et de la tranquillité publiques. Ce droit ne pourra être exercé par le préfet à l'égard d'une seule commune qu'après une mise en demeure au maire restée sans résultat ».

Ainsi donc, d'après cet article, et lorsque l'objet de la décision intéresse la salubrité et l'ordre public, le préfet a le droit de prendre l'initiative et de substituer son action à celle du maire, même dans les cas où celui-ci n'est point obligé à agir. Nul doute que cette disposition générale ne s'applique à la matière dont nous traitons. Sous l'empire de l'ancienne loi municipale de 1837, le préfet n'avait le droit de se mettre au lieu et place du maire que lorsque celui-ci n'accomplissait pas les actes prescrits par la loi. Voici donc une extension donnée au pouvoir de l'autorité préfectorale, et nous pouvons justement remarquer « qu'en ce qui concerne la police des sépultures, la loi du 5 avril 1884, tout en maintenant les attributions de l'administration municipale, a plutôt augmenté qu'affaibli les prérogatives de l'administration supérieure en cette matière » (1).

204. — Cette mission de police donnée aujourd'hui au maire sur les lieux de sépulture n'était point, dans l'ancien droit, l'apanage exclusif du pouvoir civil. Tout ce qui se rapportait à cet objet intéressait à la fois les deux autorités civile et ecclésiastique : aussi intervenaient-elles toutes deux dans la surveillance des terrains affectés aux inhumations, avec une compétence égale et d'un commun accord. Peu à peu cependant, le rôle propre du pouvoir civil se dégage. Si les

(1) Ducrocq, **Note précitée.**

curés demeurent toujours chargés de la surveillance, aux anciennes décisions des conciles succèdent les arrêts des parlements. La marche de la législation s'accentue dans ce sens, et le décret de prairial proclame l'autorité civile unique et toute-puissante. Telle est désormais la théorie légale.

La discuter n'entre point dans le cadre de notre étude. Nous aurions alors à nous demander si l'autorité religieuse se trouve justement dépouillée d'une ingérence si naturelle en cet objet; si le rôle de l'autorité civile, en présence d'une organisation des cultes offrant les plus sérieux caractères de sage administration, ne devrait pas se borner à faire respecter les règlements généraux de salubrité et d'ordre public, et si l'ancien concours des deux pouvoirs n'était pas le moyen de garantir la liberté que la loi a spécifiée pour les cultes reconnus.

Sans entrer dans les détails, et sans prétendre faire l'historique de cette matière dans l'ancien droit, nous pouvons constater que les lieux consacrés à la sépulture ont sans cesse été l'objet de règlements destinés à assurer le respect dû au culte des morts.

Dès le concile d'Elvire (canons 34 et 35) tenu en l'année 305 (1) il était défendu d'allumer des cierges dans les cimetières pendant le jour, et les femmes ne pouvaient y passer la nuit en veilles. Le troisième concile de Constantinople interdisait d'y tenir cabaret ou boutique, ou d'y vendre des aliments. D'une manière générale, toutes assemblées profanes, telles que foires et marchés, y sont défendues par les conciles de Bourges (1528-1534) et celui de Bordeaux (1624).

Le parlement de Besançon confirma ces défenses le 20

(1) Date donnée par Emile Ollivier, Nouveau manuel de Droit Ecclésiastique français, 1886, p. 3.

décembre 1684, en interdisant « à tous marchands merciers et autres d'exposer en vente leurs marchandises et denrées dans les cimetières, à peine de 100 livres d'amende et de confiscation (1) ». Un arrêt du parlement de Dijon du 3 mars 1560 et un arrêt du Conseil du 12 juin 1614 défendent d'en faire un lieu de danse. Le parlement de Rennes, le 14 mai 1622, en prohibe l'entrée avec armes et bâtons, et prend des mesures pour y sauvegarder la morale publique. Un arrêt de règlement du parlement de Paris, rendu pour le diocèse de Boulogne à la date du 4 août 1745, « fait défenses à toutes personnes, tant ecclésiastiques que laïques, de mettre paître aucuns bestiaux dans les cimetières, sous quelque prétexte que ce puisse être, même sous celui d'en avoir acheté l'herbe au profit de l'église (2) » : prohibition du reste édictée depuis longtemps par le concile de Cambrai, en 1586.

205. — Aujourd'hui, le décret de prairial est la vraie loi organique sur la matière. Il confère aux maires tout pouvoir concernant l'aménagement, le bon ordre, la décence et la tranquillité des cimetières. Les lieux de sépulture sont soumis à « l'autorité, police et surveillance des administrations municipales », dit l'article 16. Nous verrons plus loin comment s'exerce cette « autorité » en cas d'inhumation sur la propriété privée. Disons que pour les cimetières publics il en résulte que le maire a le droit d'interdire toute sépulture pratiquée ailleurs que dans leur enceinte, et même, s'il le juge à propos, toute sépulture dans un cimetière public qui ne serait pas celui de la commune où est décédé le défunt.

(1) Denisart, Collection de décisions nouvelles, v° Cimetière.
(2) Id.

206. — Ce dernier point cependant a fait difficulté. La Cour de cassation, dans un arrêt du 12 juillet 1839 (1), avait décidé d'abord que l'autorité municipale n'avait pas le droit d'ordonner que les inhumations soient faites dans tel cimetière plutôt que dans tel autre. Mais cette jurisprudence est expressément abandonnée depuis un arrêt du 28 mars 1862 (2). Pour pouvoir accomplir une inhumation hors du territoire communal, même dans le cimetière d'une commune limitrophe, il faut avoir non seulement l'autorisation du maire de cette dernière commune, mais aussi le consentement du maire de la commune où s'est produit le décès (3). A plus forte raison faudra-t-il cette dernière autorisation lorsqu'il y aura lieu d'exhumer le cadavre dejà enterré dans le cimetière communal, pour le transporter dans le cimetière d'une autre commune, l'autorisation du maire étant toujours requise en matière d'exhumation (4).

Peu importe d'ailleurs que la question se pose comme dans l'arrêt du 23 février 1861, lorsque les circonscriptions paroissiales ne correspondent pas aux circonscriptions communales. « L'obligation de se faire enterrer dans le cimetière de la commune habitée par le défunt, disait le ministre des cultes dans cette affaire, ne serait pas un obstacle à l'accomplissement des cérémonies religieuses, lors même qu'une section de commune se trouverait comprise dans une circonscription paroissiale autre que celle de la commune du lieu

(1) Dalloz, Jurisprud. gén., v° Culte, n° 828.

(2) Cassat. 28 mars 1862. Donat. D. P. 62. 1. 255.

(3) Cf. 14 avril 1838. Perissel. Sirey, 38. 1. 449 ; 11 juillet 1856. Sirey. 56. 1. 842. (En conséquence des mêmes principes, il faudrait également autorisation, s'il s'agissait d'inhumation en propriété privée sur le territoire d'une commune limitrophe. V. infrà, n° 237.)

(4) C. d'Etat, 23 février 1861. D. P. 61. 3. 22.

du décès. Dans ce cas, le corps doit être présenté à l'église de la paroisse dont dépend cette section de commune pour le culte. Le service religieux est célébré par le curé ou desservant de cette paroisse ; ensuite il est procédé à l'inhumation par le desservant de la commune où se trouve le lieu du décès. »

Nous ne verrions pas d'obstacle, quant à nous, à ce que le même desservant accomplisse toute la cérémonie religieuse, quand bien même il accompagnerait le corps dans le cimetière qui ne fait pas partie de sa paroisse. Quoi qu'il en soit, le principe suivi par la jurisprudence est que tout individu doit être inhumé dans la commune où il est décédé ; il n'y est fait exception que sur l'autorisation expresse du maire, libre de la refuser, sauf recours à l'autorité supérieure.

ARTICLE II.

Objet du droit de police et de surveillance.

§ I. — *Différents cas d'exercice de l'autorité municipale.*

207. Rappel de prescriptions déjà énoncées : murs de clôture ; fosses, tarif.
208. Liberté de modification laissée au maire. Heures d'entrée dans le cimetière ; rassemblements ; décence publique, etc...
209. Clefs du cimetière. Servitude de passage. Porte de communication.
210. Le droit de police s'étend à toutes les parties du cimetière, concédées ou non.
211. Fouilles.
212. Epitaphes.
213. Discours. Ornementation des tombes.

207. — Certaines prescriptions édictées par le décret du 23 prairial de l'an XII, au sujet de la police des cimetières, nous sont déjà connues. Ainsi, nous avons vu que les cimetières doivent être clos de murs de 2 mètres de hauteur, et que si, en fait, cette clôture obligatoire n'existe pas dans certaines communes, si les murs sont remplacés par des haies vives ou des fossés, ce n'est que par suite d'une tolérance de l'administration supérieure, toujours libre d'ordonner la construction des murs, malgré l'opposition du maire et du conseil municipal. Cette prescription, du reste, n'est pas une innovation ; elle avait été formulée par le quatrième concile de Milan en 1573 et par celui de Cambrai en 1586 (1). Un édit d'avril 1695 ordonnait de clore les cimetières et mettait la clôture à la charge des habitants (2).

Nous avons vu encore qu'au maire appartient le droit d'empêcher que les fosses soient renouvelées moins de cinq ans après l'inhumation, de diriger les travaux d'aménagement du cimetière, d'y planter les arbres ou de les supprimer s'ils sont en trop grand nombre et nuisent à la salubrité, d'y établir des allées facilitant la circulation, de nommer le fossoyeur et de fixer le tarif des sommes qu'il peut exiger (3).

208. — Toutes les mesures de police non prévues par le décret seront, en vertu du texte général de l'article 16, valablement prises par le maire, qui pourra à son gré ajouter des prescriptions à celles déjà édictées, et tout régler pour assurer « la salubrité et l'ordre public ». Le décret de prairial, nous le savons, détermine les dimensions des fosses et les distances entre elles ; mais le maire jugera si, en raison de la nature spéciale du sol, ces dimensions et ces distances ne doivent pas être augmentées. En cas d'épidémie, il appréciera les précautions nécessaires pour l'inhumation de telle per-

(1) Journal du Palais, Répertoire, v° Cimetière, n° 10.
(2) Denisart, loc. cit.
(3) Cassat. 7 septembre 1850. Turgeon. D. P. 50. 5. 64.

sonne ou de telle catégorie de personnes (1). Il décidera à quelles heures et sous quelles conditions le public sera admis dans le cimetière. Il y interdira tous rassemblements et réjouissances de nature à troubler le respect dû aux morts et à porter atteinte à la décence publique ; il pourra s'opposer à l'installation d'un café ou cabaret dans le voisinage immédiat du cimetière ou en prescrire la fermeture.

209. — Comme conséquence de la haute mission de surveillance confiée au maire, les décisions ministérielles ont déclaré que ce fonctionnaire devrait avoir la garde des clefs du cimetière, sans que le curé ait le droit d'en réclamer une pour son usage exclusif, à moins que le cimetière n'entoure l'église ou qu'il n'y soit établi une chapelle où des services religieux doivent être célébrés (2). Dans la pratique, un arrangement intervient habituellement entre l'autorité ecclésiastique et l'autorité civile, à ce sujet.

Le maire a tout droit pour prohiber l'exercice d'une servitude de passage établie sur le terrain d'un cimetière. Il peut également enjoindre au propriétaire d'un enclos contigu de faire murer une porte qui donnerait accès de sa propriété dans le cimetière, quand bien même cette communication existerait de temps immémorial ; il est en effet impossible d'acquérir par prescription le droit de conserver des communications interdites par une loi intéressant l'ordre public (3).

210. — Le pouvoir de police du maire s'exerce sur toutes les parties du cimetière, aussi bien sur les parcelles concédées

(1) L. 5 avril 1884, art. 97, § 3 et 6.
(2) Bulletin du Ministère de l'Intérieur, 1856, n° 77, p. 249.
(3) Cassat. 20 juin 1863. D. P. 63. 1. 381.

que sur le reste du terrain affecté aux sépultures ordinaires, et le maire est également responsable de leur mauvais état d'entretien (1). Il a été jugé que lorsqu'un règlement municipal sur les concessions autorise seulement les concessionnaires temporaires à entourer leurs terrains de balustrades, ils ne peuvent se permettre d'établir une clôture en maçonnerie pleine ; le maire aurait le droit d'en prescrire la démolition (2).

211. — Il puiserait encore dans son rôle de surveillance et de police le droit d'interdire à un ouvrier de faire ou de continuer des fouilles et travaux sur un terrain concédé aussi bien que sur une autre partie du cimetière, sans que le concessionnaire puisse exciper du trouble apporté à son droit (3).

212. — Toute inscription tumulaire doit formellement être soumise au contrôle préalable du maire, qui apprécie souverainement si elle a uniquement pour but d'honorer la mémoire du défunt (4). La question sera parfois difficile à trancher. « Il faut reconnaître, dit la circulaire ministérielle du 30 décembre 1843 (n° 17), qu'en pareille matière la plus grande liberté doit être laissée au pouvoir municipal. Une inscription même inoffensive, par cela seul qu'elle pourrait servir de prétexte à des désordres et devenir une occasion de scandale et de troubles, doit pouvoir être interdite. C'est au maire qu'il appartient de juger s'il doit la permettre ou la défendre. Ce qu'il importe de considérer avant tout, ce sont les

(1) C. de Lyon, 16 mai 1877. Perrichon c. ville de Saint-Etienne. D. P. 79. 2. 19.
(2) Cassat. 14 octobre 1843. Sirey. 43. 1. 878.
(3) C. de Bordeaux, 25 août 1879. Aymen c. Gagnard et Barreyre. D. P. 81. 2. 24.
(4) Ordonnance du 6 décembre 1843, art. 6.

conséquences qui pourront résulter de l'autorisation réclamée, et si, abstraction faite de toute intention, les paroles gravées sur une tombe ne seraient pas de nature à provoquer des manifestations contraires au bon ordre et au respect dû aux lieux de sépulture, conséquences que l'autorité municipale est seule en état d'apprécier ».

Plein pouvoir est donc laissé au maire de non autoriser ou de supprimer toute expression trop bizarre, ridicule ou inconvenante, gravée sur un tombeau. On comprend que l'inscription ne doit avoir trait qu'à la personne du défunt, ne rappeler que les faits de sa vie propres à honorer son nom et son souvenir, et que par conséquent elle ne peut servir de prétexte à une réclame déplacée en faveur des membres de la famille, ou fournir l'occasion d'injures envers des particuliers, ni se prêter à la glorification exclusive d'un parti politique.

Le maire aura soin que les convenances dues aux différents cultes reconnus ne soient point troublées. Il est évident que les épitaphes s'inspirant de ces cultes ont leur pleine et naturelle raison d'être, soit qu'elles énoncent de pieuses réflexions, soit qu'elles se manifestent par des citations empruntées aux textes sacrés. Mais on ne saurait admettre, pensons-nous, les inscriptions qui seraient de nature à blesser directement les croyances religieuses. La liberté des cultes, telle qu'elle est légalement garantie, ne se conçoit pas sans une certaine protection de l'autorité contre les attaques dont leurs dogmes peuvent être l'objet, surtout lorsque ces attaques prennent le caractère de manifestations ou de provocations offensantes. Décider autrement serait, nous semble-t-il, violer le droit concordataire et même la neutralité voulue par la récente loi du 14 novembre 1881, dont nous allons parler bientôt. Le maire, en vertu de son droit général de police, aura un pouvoir d'appréciation forcément étendu, qui variera suivant les différentes hypothèses. **Nous** souhaiterions qu'il fût plutôt restreint par des règles précises en rapport avec la délicatesse et la gravité de la matière, le maire pouvant souvent se trouver, en fait, par suite des difficultés locales ou autres, dans l'impossibilité ou l'incapacité de juger en parfaite connaissance de cause (1).

213. — Ce que nous venons de dire à propos des épitaphes, nous devrions le répéter au sujet des discours prononcés dans le cimetière. La loi n'exige pas formellement, comme pour les inscriptions, qu'ils soient soumis à l'autorisation préalable du maire ; mais l'analogie est grande et les raisons de décider sont les mêmes. Il faut donc reconnaître au maire le droit de s'opposer à la parole publique dans un cimetière, quand elle lui paraît devoir être l'occasion de troubles, ou de nature à froisser gravement les sentiments et croyances des citoyens.

L'autorisation n'est point nécessaire pour faire placer sur la fosse la pierre funéraire destinée à la recouvrir, ou pour ériger le mausolée, de quelque importance qu'il soit. Si toutefois il affectait une forme ridicule, si les ornementations en étaient inconvenantes, le maire aurait certainement le droit d'intervenir.

(1) Dufour, Droit administratif, t. I, p. 263 et 475. — C. d'Etat, 7 janvier 1842. Alban des Héberts. D. A. v° Culte, n° 819. — C. de Rouen, 24 mars 1884. D. P. 85. 2. 80.

§ II. — *Abrogation de l'article 15 du décret de prairial.*

214. — L'administration avait encore, d'après le décret de prairial, la mission de garantir la division intérieure du cimetière communal entre les différents cultes reconnus. L'article 15 était ainsi conçu : « Dans les communes où l'on professe plusieurs cultes, chaque culte doit avoir un lieu d'inhumation particulier, et dans le cas où il n'y aurait qu'un seul cimetière, on le partagera par des murs, haies ou fossés en autant de parties qu'il y a de cultes différents, avec une entrée particulière pour chacune, et en proportionnant cet espace au nombre d'habitants de chaque culte ». Cet article a été abrogé par une loi du 14 novembre 1881 dont nous n'avons pas à interpréter l'esprit, et qui, sous prétexte d'assurer plus complètement la liberté des cultes, a en réalité porté une grave atteinte à ce principe de notre droit public (1). Les consciences se sont justement alarmées ; lors de la discussion de la loi, elles ont trouvé à la Chambre des députés et au Sénat leurs éloquents défenseurs.

Les quatre cultes reconnus en France ont senti que cette loi violait leur libre exercice, tel qu'il était promis et garanti par la législation du 18 germinal an X.

---

(1) Nous parlons de la liberté des cultes telle qu'elle est consacrée par les constitutions modernes, sans en discuter le principe en lui-même.

La religion catholique, d'une part, a été frappée sur un point de sa discipline étroitement lié à son dogme. Cette discipline en effet exige pour la sépulture des fidèles un cimetière béni par l'évêque dans toute son étendue, et qui dès lors devient terre sainte, où se continue après la mort la société des croyants. Cette haute doctrine repose sur les deux dogmes de la communion des saints et de la résurrection future des corps, et les règles canoniques n'ont cessé, à travers tous les âges de l'Eglise, d'en faire l'application. Dans la religion catholique, le cimetière est la suite naturelle du temple : « *Cœmeterium æquiparatur ecclesiæ* », et l'inhumation du corps en terre sainte est, tout aussi bien que sa présentation à l'église, un acte du culte public, une participation à la communion ecclésiastique. Or la consécration nécessaire du cimetière n'est possible que dans un terrain exclusivement réservé au culte catholique, ou tout au moins séparé des autres cultes.

Cette séparation confessionnelle s'impose d'autre part au culte israélite, dont les rites sont tellement rigoureux que le grand rabbin s'adressait en ces termes à la commission du Sénat chargée d'examiner le projet de loi : « Tout le monde connaît la sévérité de nos prescriptions à l'égard des symboles matériels qui représentent la divinité. Il suffit qu'il s'en trouve dans un lieu pour que le culte israélite soit rendu absolument impossible. Si donc les cimetières en commun étaient établis par la loi, ou bien il faudrait que les israélites cessassent d'y pratiquer les cérémonies de leur culte, ce qui serait une violation de leur propre liberté religieuse, ou bien il faudrait en faire disparaître les symboles matériels représentant la divinité, ce qui serait la violation de la liberté religieuse d'autrui, déplorable alternative qu'il faut également éviter, pour ne pas porter atteinte à un des grands principes du droit moderne. »

Enfin les deux cultes protestants que reconnaît la loi, l'église calviniste ou réformée et l'église luthérienne ou de la confession d'Augsbourg, tout en ayant peu à souffrir de l'état de choses actuel, puisqu'aucun de leurs rites ne s'oppose formellement à l'œuvre de la nouvelle loi, n'en sont pas moins très favorables à la séparation confessionnelle qui leur assure plus manifestement la liberté.

215. — Le décret de prairial avait été rendu avec des intentions conciliatrices très apparentes, et dans le but d'effacer les tristes souvenirs révolutionnaires qui s'attachaient à cette question des sépultures. Il annulait évidemment le décret du 12 frimaire an II qui avait admis la confusion des tombes, sans distinction de cultes, dans les cimetières déclarés, comme tous les biens d'Église, propriété de la nation. Ce décret d'ailleurs, d'après la décision même de la Convention, ne devait pas être public ; il n'était, en réalité, qu'un simple ordre du jour prononcé par elle à propos d'une pétition tendant au maintien des cimetières confessionnels (1). L'article 15 du décret de prairial, apportant son concours à la législation

(1) Voici la teneur de ce décret :

« La Convention nationale, après avoir entendu le rapport de son comité de
« législation sur la pétition du citoyen Rogeau, membre de la commune de
« Warlay-Baillon, district d'Amiens, dans laquelle il expose qu'un attroupe-
« ment considérable de femmes a empêché l'inhumation d'une protestante,
« franche aristocrate, dans le cimetière de cette commune, et demande des me-
« sures pour empêcher le renouvellement de pareilles scènes ; que chaque
« citoyen exerce librement le culte qu'il adopte ; qu'il y ait, autant que faire
« se pourra, un lieu particulier de sépulture pour chaque secte, etc... ;

« Considérant qu'aucune loi n'autorise à refuser la sépulture dans les cime-
« tières publics aux citoyens décédés, quels que soient leurs opinions reli-
« gieuses et l'exercice de leur culte, passe à l'ordre du jour.

« Le présent décret *ne sera pas imprimé* ; il sera inséré au Bulletin. »

concordataire, était donc établi sur un ordre d'idées absolument opposé.

Quelque temps après sa promulgation, une circulaire ministérielle (1) le déclarait nettement. « La profession de différents cultes dans une même commune, disait-elle, a souvent donné lieu, quant aux inhumations, à des querelles et à des discussions religieuses. Pour en empêcher le retour, le gouvernement a pensé que, dans ces communes, chaque culte devrait avoir un lieu d'inhumation particulier. »

Et, plus tard, une autre circulaire ministérielle adressée aux évêques, cherchant toujours à dégager l'esprit du décret de prairial, disait : « Le décret du 23 prairial an XII a voulu concilier ce qu'exigent la salubrité publique, le respect dû à la cendre des morts, le sentiment pieux des familles, et laisser en même temps à chaque culte la liberté de suivre, en se conformant aux règlements, ses traditions et sa discipline, en ce qui concerne les inhumations » (2). C'était le rétablissement des cimetières confessionnels administrés conformément aux lois et aux usages des cultes auxquels ils sont destinés. Pour le culte catholique en particulier, c'était la liberté d'accomplir les cérémonies de son rituel quant à la bénédiction totale du terrain affecté à l'inhumation des fidèles ; et en fait, après la promulgation du décret, dans presque toutes les communes on procéda à cette bénédiction, prescription stricte de la discipline catholique et condition du libre exercice du culte promis par le Concordat. Si, à Paris et dans quelques localités, l'usage contraire a persisté, ce fait constituait une exception que l'autorité ecclésiastique, pour des motifs dont

(1) Circulaire du ministre de l'intérieur, M. Chaptal, du 8 messidor an XII.
(2) Circulaire du ministre des cultes, M. Martin du Nord, du 1ᵉʳ septembre 1845.

elle est seule juge, croyait nécessaire de tolérer ; mais on ne peut aucunement en argumenter en faveur de l'abolition des règles canoniques, qui conservent toujours leur même force et leur même caractère obligatoire.

Ce retour à l'ancienne coutume de la bénédiction totale du cimetière était, en somme, tout l'objet de l'article 15 du décret de prairial, ainsi qu'il ressort de son texte et de son adoption par l'assemblée générale du conseil d'Etat. La section de l'Intérieur, sur le rapport de M. de Ségur, avait proposé de rendre les cimetières communs à tous les cultes et « de n'accorder à la religion catholique, puisqu'elle exige que les morts soient enterrés dans une terre bénite, que le droit de bénir chaque fosse à chaque inhumation ». Si cette opinion avait prévalu, l'article 15 devenait inutile. L'assemblée générale, en la rejetant, a tenu à assurer aux cultes leur complète liberté d'exercice, et à proclamer leur droit absolu à la séparation confessionnelle des cimetières.

216. — On a élevé contre l'article 15 cette objection qu'il ne réservait pas de place dans le cimetière public à ceux qui mouraient sans faire profession d'aucun culte. Il est évident qu'ils ne seront point admis dans les parties confessionnelles du cimetière, puisque c'est là précisément la raison de l'établissement de celles-ci. Nous n'avons pas, du reste, à signaler l'étrange anomalie de ceux qui, ayant refusé adhésion à tout culte pendant leur vie, prétendent en fait y participer après leur mort. Mais le cimetière communal, en dehors des réserves confessionnelles, contenait un emplacement où toute personne était admise sans distinction de culte. Si, par suite de la considération qui s'attache à l'inhumation en terre sainte, cet emplacement jouissait d'un respect moindre dans l'opinion publique, il serait souverainement injuste d'en accuser les cultes, et de restreindre pour cette cause leur libre exercice. En dehors même des parties affectées à la sépulture de ceux que l'Eglise exclut du sol consacré, par suite de circonstances de leur mort jugées par elle spécialement incompatibles avec l'inhumation en terre sainte, une place décente, quoique non bénite, devait être assurée dans tout cimetière aux personnes mortes sans participation à la communion ecclésiastique (1).

Cette division du cimetière était l'œuvre de l'administration, agissant conformément au droit de police qui lui appartient. Sans doute, ce lieu d'inhumation particulier n'a pas toujours été exactement déterminé dans toutes les communes. Il a pu se faire que tel maire, surpris par un décès de ce genre, n'ait pas désigné dans le cimetière un lieu présentant les conditions d'égalité voulues. Sur ce terrain enfin, le conflit est facile entre l'autorité ecclésiastique et l'autorité civile. Mais étaient-ce là des raisons suffisantes pour rompre l'harmonie du pacte concordataire ?

217. — Nous venons de dire que, sous le régime de l'article 15 du décret de prairial, c'était à l'administration de pratiquer la division intérieure du cimetière communal entre les différents cultes. Cette division était établie proportionnellement au nombre d'habitants faisant profession de chaque religion. Là du reste s'arrêtait le rôle de l'administration (2).

L'aménagement des parties afférentes à chaque culte devait naturellement être fait par leurs ministres respectifs. C'était la conséquence obligatoire de la séparation confessionnelle, chaque culte devant avoir la possibilité d'appliquer les

(1) C. d'Etat, 17 juillet 1861. Caratsch. D. P. 61. 3. 51.
(2) Id. 8 février 1868. Jousseaume. D. P. 68. 3. 9.

dispositions de son rituel qui ont trait aux inhumations. Ce principe était d'ailleurs reconnu par la législation, ainsi qu'en témoigne un avis du conseil d'Etat, qui s'exprime ainsi : « L'autorité civile a rempli le vœu de la loi lorsqu'elle a fait établir dans les cimetières des divisions pour les différents cultes. Toutefois si, dans l'exercice qui lui appartient de la police des cimetières, elle doit demeurer étrangère aux observations particulières à ces cultes, elle ne doit pas s'opposer à ce que, dans l'enceinte réservée à chaque culte, on observe les règles, s'il en existe, qui peuvent exiger quelque distinction dans les sépultures » (1).

Le maire qui aurait entrepris de s'immiscer dans ce règlement aurait donc excédé son droit, et l'arrêté par lequel il aurait ordonné dans la partie réservée à un culte l'inhumation d'une personne n'appartenant pas à ce culte, devait être annulé pour excès de pouvoir (2).

218. — Cette hypothèse et celles qui pourraient lui être analogues ne se présenteront pas sous l'empire de la loi du 14 novembre 1881 qui enjoint aux maires de désigner l'emplacement des tombes, sans avoir égard à la différence des cultes. Mais, en fait, si les murs ou les haies de séparation confessionnelle sont tombés, la pratique des inhumations suivant la distinction établie par l'article 15 du décret de prairial n'en demeure pas moins presque générale, et la plupart des administrations municipales hésiteront longtemps à user du pouvoir que leur confère la loi de 1881. D'après cette même loi, il faudrait reconnaître au maire le droit de faire enlever dans le cimetière tout emblème qui ne serait pas spécial à chaque

---

(1) C. d'Etat, 27 avril 1831. D. A. v° Culte, n° 821.
(2) Id. 13 mars 1872. Tamelier. D. P. 72. 3. 9.

fosse; mais là encore les mesures violentes échoueront devant le sentiment religieux.

En 1864, le Sénat fut saisi d'une pétition isolée, tendant à la réalisation de l'état de choses procuré par la loi qui nous occupe. Elle fut rejetée, et le rapporteur déclarait que « l'égalité et la liberté en matière de culte ne consiste pas dans la confusion et le désordre, mais dans l'impartiale protection accordée à la profession de tous les cultes reconnus ». Ces paroles sont vraies aujourd'hui comme alors : les cultes reconnus pourront subir le fait d'une neutralité qui entrave leur libre exercice tel qu'il était assuré par la législation du Concordat ; mais ils n'en reconnaîtront pas la légitimité, contre laquelle proteste le droit respectable entre tous, le droit des consciences.

§ III. — *Des exhumations.*

219. Elles sont soumises au droit de police. Diverses catégories.
220. 1º Exhumations ordonnées par la justice.
221. 2º Exhumations prescrites par l'autorité municipale : générales ou particulières.
222. 3º Exhumations demandées par les familles.
223. Formalités. De qui émane la demande d'exhumation.
224. Rôle du maire.
225. Présence du commissaire de police. A-t-il droit à une rétribution fixe ?
226. Moyens de recours. Distinction.

219. — Le fait de déplacer un cadavre déjà inhumé pour le transporter dans une autre partie du cimetière ou dans un cimetière différent, devait nécessairement être l'objet d'une surveillance rigoureuse de la part de l'autorité municipale, intéressée à maintenir la salubrité et l'ordre public. En conséquence, le décret de prairial (art. 17) charge spécialement les maires « de maintenir l'exécution des lois et

règlements qui prohibent les exhumations non autorisées »,
et l'article 97-4° de la nouvelle loi municipale confirme ce
texte.

Nous n'avons point à nous occuper ici de l'exhumation résultant d'une cause criminelle : lorsqu'en effet elle a pour but
la violation de sépulture, elle constitue un délit puni par
l'article 360 du Code pénal (1). L'exhumation dont il nous
faut parler est celle qui a une cause licite, celle qui s'accomplit
soit en vertu d'un ordre de justice, soit d'après la volonté
de l'administration, soit pour répondre aux désirs des
familles.

220. — 1° *Exhumations ordonnées par la justice.*

Elles sont souvent la condition nécessaire pour arriver à
la constatation d'un crime, ou pour éclairer sérieusement la
religion des juges au cours d'une instruction. Tout magistrat
instructeur a donc le droit d'ordonner l'exhumation pour
soumettre le cadavre aux analyses de la science médicale, et
pour rechercher les causes de la mort du défunt. (C. Instr.
crim. art. 44, 88, 89.) Pour la façon de procéder, il devra s'entendre avec l'autorité municipale et se conformer, autant que
possible, aux règlements qui auraient pu être pris par le maire
à ce sujet.

221. — 2° *Exhumations prescrites par l'autorité municipale.*

Celles-ci peuvent être effectuées en vertu d'une décision
générale ou dans des hypothèses particulières.

A. Elles seront l'objet d'une mesure générale en cas de
translation de cimetière. Nous savons qu'alors les concessions

(1) V. infrà, n° 249 et suiv.

doivent être rétablies aux frais de la commune dans le nouvel emplacement destiné aux inhumations. Une décision administrative peut même étendre le bénéfice de cette disposition à toutes les sépultures.

B. Les exhumations particulières auront lieu lorsque les règlements ou les lois sur les sépultures auront été transgressés. Le maire est juge des mesures qu'il peut avoir à prendre dans l'intérêt de la salubrité publique; il peut, par exemple, ordonner l'exhumation lorsque les conditions matérielles d'établissement des fosses n'auront pas été observées. De même, son droit souverain « d'autorité et de police » en cette matière lui permet de faire exhumer un cadavre enterré sans autorisation dans un autre endroit que le cimetière communal. Il lui donne encore la faculté de retirer l'autorisation préalablement donnée d'inhumer dans la propriété privée, si cette inhumation vient à présenter des inconvénients (1).

222. — 3º *Exhumations opérées sur la demande des familles.* Ce sont de beaucoup les plus fréquentes. En les accordant, l'administration se rend aux pieux désirs des familles qui veulent donner à leurs morts un lieu de sépulture plus convenable, ou les réunir aux parents inhumés déjà dans un même endroit. Cette permission d'exhumer est accordée à la condition de réinhumer immédiatement et de ne négliger aucune des mesures de salubrité et de sûreté publiques exigées par ces opérations.

223. — Aucune loi ou décret n'a réglementé les formes de la demande d'autorisation et n'a donné le détail des moyens

(1) V. infrà, nº 237.

à employer pour procéder à l'exhumation. Le décret de prairial, tout en chargeant l'autorité municipale de maintenir l'exécution des lois et règlements qui prohibent les exhumations non autorisées, ne désignait pas qui devait donner l'autorisation Ce point n'a été décidé que par des instructions ministérielles , parfaitement conformes d'ailleurs à l'esprit des articles 16 et 17 du décret de prairial. « L'exhumation d'un cadavre, dit une circulaire du 29 février 1856, quelle que soit sa destination, ne peut avoir lieu qu'en vertu d'une autorisation spéciale du maire ».

Pour les formalités à suivre, on s'inspire d'une ordonnance du préfet de police de Paris du 1er février 1817, qui, bien que rendue pour la capitale, peut néanmoins être considérée comme la règle générale sur la matière.

La demande d'exhumation doit être rédigée sur papier timbré. Elle est formée par le plus proche parent du défunt ou par son fondé de pouvoir. Nous croyons volontiers qu'elle peut aussi émaner de l'exécuteur testamentaire, au cas où les dernières volontés expresses de la personne décédée relativement à sa sépulture n'auraient pas été accomplies. Si la famille du défunt faisait opposition à cette demande d'exhumation, l'autorité municipale devrait surseoir à l'accorder jusqu'à ce que soit décidée la question de savoir qui a la disposition du cadavre (1).

224. — Le maire accordera ou refusera l'autorisation. S'il l'accorde, il prescrira, en outre des règlements généraux déjà pris par lui, les mesures nécessaires pour assurer la salubrité publique et la décence dans le cas particulier. Il fixera le jour, l'heure, le délai et les conditions du transport. L'exhumation

---

(1) V. suprà, 1re partie, ch. I.

se fera habituellement en présence d'un parent, ou tout au moins d'un ami de la famille ; et un homme de l'art sera appelé pour constater l'identité du cadavre.

225. — Le maire doit en outre déléguer aux exhumations et réinhumations un commissaire de police chargé de surveiller les différentes opérations, et d'en dresser procès-verbal. Si la réinhumation a lieu dans le même cimetière que l'exhumation, il n'y aura qu'un seul procès-verbal ; dans le cas contraire, le commissaire de police du lieu d'exhumation ne sera chargé et ne rendra compte que des opérations jusqu'à la sortie du cimetière. Ce sera à l'autorité municipale du nouveau lieu de sépulture de veiller à la réinhumation.

D'après un arrêté du préfet de la Seine du 10 avril 1827, le commissaire de police aurait droit à une rétribution, fixée alors à 7 francs pour Paris. « Cette rémunération devait être déterminée dans les autres départements par l'autorité municipale, soit au moyen d'un tarif permanent, soit au moyen d'une taxe arrêtée pour chaque cas particulier (1). » Nous ne croyons pas que cette allocation constitue un véritable droit au profit du commissaire de police, car en principe il ne lui est dû aucune rétribution à l'occasion de l'exercice de ses fonctions administratives. C'est donc plutôt l'usage qui lui fait attribuer dans cette hypothèse une vacation dont le taux varie suivant les localités (2).

226. — Comme tous les actes accomplis par le maire dans l'exercice de ses pouvoirs de police, l'arrêté qui accorde ou refuse l'autorisation d'exhumation peut être réformé par l'administration supérieure suivant la voie hiérarchique, mais ne

---

(1) Journal des Commissaires de police, 1859, p. 174.
(2) Cassat. 16 janvier 1868. D. P. 68. 1. 354.

saurait faire l'objet d'un recours au contentieux devant le conseil d'Etat. Il faut admettre cependant la possibilité du recours pour excès de pouvoir, ouvert en principe, ainsi que nous avons souvent eu l'occasion de le constater, contre tous les actes de l'autorité administrative. L'exercice de ce recours semble avoir été restreint en cette matière par la jurisprudence récente du conseil d'Etat (1). Il faut pourtant ne point oublier que c'est lui qui a pour mission de protéger les droits des familles contre les abus émanant des autorités locales. Aussi la véritable solution nous paraît-elle contenue dans la distinction établie par deux arrêts précédents (2). D'après ce qui se dégage de leur doctrine, le refus d'exhumer prononcé par le maire peut être envisagé suivant deux cas différents :

A. Si le maire, en vertu de ses pouvoirs de police, refuse par des motifs d'ordre public, de convenance ou de salubrité, son appréciation échappe à tout contrôle du conseil d'Etat (3).

B. Si au contraire il refuse, non point en se fondant sur ces motifs d'intérêt général, mais bien pour rendre définitive une sépulture ordonnée ou autorisée dans des conditions illégales et injustes pour les familles, si, par exemple, il s'agit d'une inhumation pratiquée dans un terrain déjà concédé et occupé, il est évident que le recours pour excès de pouvoir sera la garantie précieuse contre l'inexécution des règles prescrites pour assurer à tous les citoyens le respect de la tombe et le repos dans la mort (4).

---

(1) C. d'Etat, 24 février 1870. Doizi. D. P. 70. 3. 81. — 20 janvier 1882. Lafaille. D. P. 83. 3. 47.

(2) Id. 11 juin 1875. Hallé. D. P. 76. 3. 17. — 16 avril 1880. D. P. 81. 3. 10.

(3) Id. 25 février 1861. D. P. 61. 3. 22.

(4) Id. 8 février 1868. D. P. 68. 3. 9. — 13 mars 1872. D. P. 72. 3. 9.

ARTICLE III.

Sanction du droit de police et en général des dispositions du décret de prairial.

227. Application de l'article 471, §15, du Code pénal.
228. Peut-on y ajouter la sanction de l'exhumation, en se fondant sur l'article 161 du Code d'Instr. crim. ?
229. Objection. Séparation des autorités administrative et judiciaire. Controverse.

227. — Demandons-nous maintenant quelle est la sanction des différentes règles de police que nous venons d'énumérer dans le présent chapitre ; et même, arrivé à ce point de notre travail, généralisons la question en recherchant du même coup de quelle manière sont punies les infractions aux prescriptions énoncées par le décret de prairial de l'an XII, par les divers autres textes législatifs rencontrés au cours de cette étude, et par les règlements municipaux sur cette importante matière des sépultures.

Sauf le cas d'inhumation non autorisée ou précipitée (art. 358 C. pénal) et celui de la violation de sépulture (art. 360 id.), la législation n'est point munie d'une arme spéciale. Il faut donc appliquer la disposition générale de l'article 471, § 15, du Code pénal, qui punit d'une simple amende de 1 à 5 francs ceux qui auront contrevenu aux règlements faits par l'autorité administrative, et ceux qui ne se seront pas conformés aux règlements ou arrêtés publiés par l'autorité municipale. C'est la sanction commune de tous les actes de l'autorité réglementaire, à défaut de prescriptions spéciales plus sévères : « sanction bénigne et d'apparence modeste, qui est l'une des dispositions les plus pratiques de notre droit national, en même temps qu'elle est de grande importance doctrinale (1) ».

228. — Cette sanction pénale est-elle en toute hypothèse
la seule possible ? Ne pourrait-on pas reconnaître en outre
au tribunal de simple police le droit de prescrire l'exhumation et le transport du cadavre aux frais des contrevenants,
lorsque l'inhumation a été faite dans un lieu autre que le
cimetière communal, sans l'autorisation du maire ou malgré
son refus ? On s'appuierait, pour le décider, sur l'article 161
du Code d'Instruction criminelle, qui porte que « si le prévenu
est convaincu de contravention de police, le tribunal prononcera la peine et statuera par le même jugement sur les demandes en restitution et en dommages-intérêts ». La disposition générale de cet article est le corollaire et le complément
du texte de l'article 471, § 15, C. P. ; à la sanction pénale se
joint naturellement la réparation civile, qui dans l'espèce est
l'exhumation aux frais des contrevenants. Cette réparation
civile, du reste, sera souvent d'un secours indispensable pour
compenser le peu d'efficacité de la peine résultant de l'article
471, § 15 ; et d'autre part l'action de l'autorité judiciaire sur
ce point ne sera pas la même que celle habituellement dévolue à l'autorité administrative. Sans doute, cette dernière, en
vertu du pouvoir de police que nous avons étudié, aurait le
droit de prescrire l'exhumation ; mais qui en payerait les frais
ainsi que ceux de réinhumation ? Il n'appartient point à l'autorité administrative de prononcer cette condamnation pécuniaire. Seule l'autorité judiciaire en est capable par l'application de l'article 161 C. Instr. crim.

229. — La grande objection que l'on fait à cette théorie

(1) Ducrocq, Note sur l'arrêt de la Cour de Poitiers, 1884, § 2.

est précisément la prétendue ingérence de l'autoritéjudiciaire dans le domaine de l'autorité administrative ; on veut y voir une atteinte au principe de leur séparation (1). Démontrons le mal fondé de ce raisonnement.

L'ordre d'exhumer émane le plus souvent, il est vrai, de l'autorité administrative, soit qu'elle prenne une mesure générale comme en cas de translation de cimetière, soit qu'elle agisse dans des hypothèses particulières, lorsque les règles prescrites pour les inhumations n'auront pas été exécutées, soit enfin qu'elle réponde en cela au désir exprimé par les familles. Dans ces circonstances, son intervention est absolument nécessaire, et rien ne la remplacerait. Mais nous savons aussi que l'exhumation peut être ordonnée par l'autorité judiciaire comme moyen de constatation d'un crime, et qu'alors l'autorité administrative y est absolument étrangère, ce qui laisse parfaitement intact le principe de la séparation des deux autorités. Or l'exhumation prescrite en vertu de l'article 161 C. Inst. crim. ne nous semblerait pas plus violer ce principe que celle ordonnée par le magistrat instructeur à la recherche des preuves d'un crime.

Il y a plus : l'autorité judiciaire, loin de se trouver là en opposition avec l'autorité administrative, lui prête au contraire son appui ; « la première fait l'application des actes de la seconde et leur donne leur plus efficace sanction » (2). Le tribunal de simple police, qui punit d'une amende la contravention consistant dans le fait d'avoir déposé des matériaux sur la voie publique, doit en même temps, d'après la Cour de cassation, en ordonner nécessairement l'enlèvement par les

(1) Cassat. 10 octobre 1856. D. P. 56. 1. 431. — Id. 21 août 1835. D. A. v° Commune, n° 740.

(2) Ducroq, Note citée, § 3.

soins du contrevenant, à peine de nullité du jugement; et cependant l'autorité judiciaire n'a rien à voir dans la police de la voie publique, qui dépend entièrement de l'autorité administrative (1). De même, en matière d'établissements dangereux, incommodes et insalubres, dont la police est pourtant soumise à l'autorité administrative (2), l'autorité judiciaire, qui punit la contravention, ordonne en même temps elle-même la fermeture de l'établissement ouvert sans autorisation administrative (3). Nous pourrions multiplier les exemples : tous feraient ressortir ce que nous avons déjà observé, à savoir que l'article 161 C. Inst. crim. est comme le corollaire et le complément de l'article 471 C. P. On doit, croyons-nous, admettre tout aussi bien ce principe en matière de sépulture que sur toute autre question de législation, et reconnaître à l'autorité judiciaire son droit entier, sans redouter, pour cela, qu'elle empiète sur l'autorité administrative.

(1) Cassat. 19 août 1841. Gobert. D. P. 41. 1. 432 — 17 juin 1858. Martin. D P. 58. 5. 381.

(2) Décret du 15 octobre 1810 et ordonnance du 14 janvier 1815.

(3) Cassat. 26 mars 1868. Haas. D. P. 69. 1. 115.

CHAPITRE VI.

DES INHUMATIONS HORS LE CIMETIÈRE COMMUNAL.

ARTICLE I.

Sépultures sur la propriété privée.

§ I. — *Historique et fondement de l'article 14 du décret de prairial.*

230. Objet de cet article.
231. Son extension dans certains centres protestants. Cimetières de famille.
232. Ses inconvénients.
233. Sa justification. Conclusion en faveur de son maintien.

230. — La sépulture dans le cimetière communal est la règle générale ; celle en terrain privé n'est que l'exception. En la tolérant, le législateur permet la réalisation du désir de ceux qui préfèrent après la mort reposer dans les lieux où ils ont vécu et au milieu des objets qui leur étaient chers. Cette liberté est consacrée par l'article 14 du décret de prairial ainsi conçu : « Toute personne pourra être enterrée sur sa propriété, pourvu que ladite propriété soit hors et à la distance prescrite des villes et bourgs ».

Une telle fondation, on le voit, est soumise aux règles générales dont nous avons parlé à propos des cimetières, notamment à celle qui concerne la distance réglementaire de 35 mètres à observer entre les lieux de sépulture et les habitations groupées.

231. — On fait remonter l'origine de cet usage aux sépultures du désert, en temps de persécution (1). Nous retrouvons là, tout au moins, une sorte de souvenir des tombeaux de famille ou héréditaires de la législation romaine. Il ne faut pas croire, comme on y serait facilement porté, que cette coutume soit rare et isolée. Elle est, au contraire, répandue dans toute une région de la France, parmi les populations protestantes de l'Ouest, qui l'adoptèrent sans doute à la suite de la révocation de l'édit de Nantes (2). Très usité dans le Poitou, notamment dans l'arrondissement de Melle (Deux-Sèvres) et dans certaines parties de l'arrondissement de Niort (canton de Saint-Maixent) et de celui de Poitiers (communes de Saint-Sauvant et de Rouillé), ce genre d'inhumation se rencontre encore dans les principales agglomérations protestantes des deux Charentes, de la Dordogne, de la Gironde, du Lot-et-Garonne, du Tarn-et-Garonne, de l'Ariège. Il est surtout fréquent dans les campagnes, et bien plus rare dans les villes. Cependant, dans certaines, il se trouve parfois en honneur, comme à Tonneins (Lot-et-Garonne). Dans quelques localités du Poitou, il est tellement passé dans les mœurs que le cimetière communal est abandonné : l'autorisation municipale n'est que bien rarement demandée ; les distances légales ne sont point observées ; et ce qui est ailleurs le fait exceptionnel se trouve être là la règle ordinaire (3).

(1) Th. Ducrocq. *L'article 14 du décret de prairial de l'an XII considéré au point de vue économique et social.* Mémoire produit au congrès de l'Association française pour l'avancement des sciences. Congrès de Blois, 1884.

(2) On la rencontre très rarement dans les populations catholiques ; il y en a cependant quelques exemples.

(3) Th. Ducrocq, Mémoire cité. — Id. *De la variété des usages funéraires dans l'Ouest de la France, sous l'empire du décret du 23 prairial an XII.* Mémoire produit au 22e Çongrès des Sociétés savantes, à la Sorbonne (section des sciences économiques et sociales).

L'usage se perpétue toujours. L'habitant de ces contrées, bien qu'ayant depuis longtemps toute liberté d'accès dans le cimetière, préfère l'inhumation sur sa propriété. L'article 14 du décret de prairial se trouve donc avoir là une application générale à laquelle le législateur n'avait probablement pas pensé.

Les sépultures sont tantôt isolées et individuelles, tantôt collectives, entourées ou non d'un mur de clôture et désignées sous le nom de « cimetières de famille ».

232. — Les inconvénients d'un tel usage se signalent d'eux-mêmes. C'est d'abord l'atteinte inévitable portée au respect des tombeaux, qui se trouvent encore moins garantis que dans le cimetière contre l'épreuve du temps, le bouleversement du sol, l'indifférence ou l'oubli. Au point de vue économique, c'est l'immobilisation de certaines parcelles et leur condamnation à l'improduction ; c'est surtout la dépréciation réelle de la propriété, dépréciation donnant naissance à une foule de difficultés que les clauses insérées, pour les atténuer, dans les actes de vente ou de partage, dans les donations ou les testaments, sont, la plupart du temps, impuissants à faire disparaître entièrement. Telle vente de terrain sera faite avec réserve de la sépulture qu'elle contient ; celle-ci se trouvera donc enclavée, et il en résultera une servitude de passage qui sera le germe de bien des discussions. Telle autre aliénation comprendra la sépulture elle-même, mais sous la condition que le terrain qui y est consacré ne sera jamais en culture, ou qu'il ne pourra l'être qu'après un certain laps de temps déterminé. L'obligation imposée aux acquéreurs de se constituer ainsi les gardiens des tombes d'une famille étrang ère sera une source permanente de conflit entre les parties contractantes ou leurs ayants cause (1).

233. — En présence de ces nombreux et réels inconvénients qui varieront suivant chaque hypothèse, on peut se demander si l'article 14 du décret de prairial se trouve bien en harmonie avec l'extension donnée dans certaines régions à l'inhumation en propriété privée. Dans une récente étude M. Ducrocq s'est préoccupé de cette question (2). Après avoir pesé la somme des inconvénients et celle des avantages, il s'est prononcé pour le maintien dudit article, en invoquant les principes fondamentaux de la science économique.

Ce sont en effet, dans notre matière, des considérations de cet ordre élevé qui doivent l'emporter. L'article 14 du décret de prairial est un hommage rendu au droit de propriété et au principe de liberté. C'est bien là toute la pensée du législateur : il a voulu que, sous la réserve des règles générales connues de nous et des droits de l'administration dont nous allons parler, chacun ait la faculté et la juste prérogative de déterminer à son choix sa sépulture et celle des siens dans le sol qui lui appartient. Par là, il a tenu compte « des conditions, des usages, des convenances individuelles, sans imposer des conditions contraires au sentiment de la famille, qui trouve, dans le rapprochement et la solidarité de la

(1) Un arrêt inédit de la Cour de Poitiers du 7 décembre 1863 (Hérault c. Boyer et héritiers Cottencin) a prononcé la résiliation de la vente d'un domaine important, fondée sur ce motif que le vendeur n'avait pas fait connaître à l'acheteur l'existence d'une sépulture placée dans le jardin d'agrément de l'habitation, d'après la volonté expressément formulée par le défunt, et que le vendeur était tenu de maintenir. (Ducrocq, Mémoire de 1884 précité.)

(2) Id.

tombe, l'une de ses manifestations les plus puissantes et les plus respectables » (1).

A un autre point de vue, l'article 14 ne pourrait-il pas trouver un utile exercice dans la question de l'insuffisance des lieux de sépulture, insuffisance depuis longtemps évidente dans les grandes villes, mais réelle aussi dans certaines campagnes où l'agrandissement reconnu nécessaire du cimetière se trouve parfois entravé par des difficultés financières ou autres?

Ainsi que l'observe M. Ducrocq, cet article 14 « peut d'ailleurs être un germe fécond pour le développement, même en cette matière, de libertés nouvelles ». Si pendant longtemps il a reçu et reçoit encore son application dans les centres protestants, il offre aujourd'hui la possibilité de l'inhumation sur la propriété privée, aux familles désireuses de se soustraire à la neutralité du cimetière communal depuis la loi du 14 novembre 1881. « Le principe qui domine tout ce grave sujet, aussi bien au point de vue des lois existantes que des lois à faire, n'est-il pas qu'il convient d'assurer la liberté des familles et des individus, en tout ce qui n'est pas contraire au respect dû à la mémoire des morts et à la sécurité des vivants (2)? »

(1) Note de M. Ducrocq sur l'arrêt de la Cour de Poitiers du 30 mai 1884. D. P. 84. 2. 190. § 4 de la note.

(2) Mémoire précité, *in fine*.

§ II. — *Règles d'application.*

234. — En interprétant l'article 14 du décret de prairial d'une manière restrictive, on pourrait comprendre que la faculté d'inhumer est accordée au seul propriétaire du terrain. Mais il ne faut point donner au texte un pareil sens. Il est certain, par exemple, qu'on peut inhumer une personne dans un terrain qui ne lui a jamais appartenu, pourvu que le propriétaire donne son consentement.

Il n'est point nécessaire non plus que le terrain appartienne exclusivement à un unique propriétaire. Il peut être la propriété de plusieurs; ce sera même le cas habituel, car, la plupart du temps, c'est une sépulture de famille qui s'établira de la sorte.

235. — L'intérêt de cette inhumation étant de donner au propriétaire la satisfaction de laisser sa dépouille mortelle au milieu des biens qu'il a possédés, on ne comprendrait pas qu'elle fût pratiquée dans un terrain très exigu, et, à plus forte raison, acheté à cet effet (1). S'il en était ainsi, ce serait un moyen ouvert à quiconque disposerait de quelques mètres de terre, de ne pas être enterré dans le cimetière communal et de se soustraire à la perception des droits exigibles. On pourrait de la sorte se procurer une sépulture perpétuelle pour un prix inférieur peut-être à celui d'une concession dans le cimetière (2).

Nous avons dit que les sépultures en terrain privé sont individuelles ou collectives. Il faut toutefois observer que, dans ce dernier cas, elles ne peuvent point être établies suivant des proportions exagérées. Si la loi en effet permet le cimetière de famille dans les conditions que nous avons exposées, elle ne saurait tolérer la création d'un véritable cimetière indivis entre un certain nombre de familles qui s'entendraient entre elles pour éluder de cette façon les règles générales de l'inhumation dans le cimetière communal. C'est dans une hypothèse de ce genre qu'un arrêt de cassation du 14 avril 1838 refusa avec raison de reconnaître le juste établissement d'un cimetière commun à 61 familles faisant partie d'une même section de commune.

236. — La portion de terrain où reposent les corps inhumés est, en raison de sa nature, hors du commerce, et affranchie des règles ordinaires du droit de propriété. Si c'est une sépulture de famille, chacun des membres y aura un droit égal indivis ; le terrain ne pourra être ni vendu ni partagé : ce sera une exception à l'article 815 du Code civil. Le souvenir d'affection et la piété envers les morts l'exigent pour

(1) Cassat. 24 janvier 1840. Le Rolland. D. A. v° Culte, n° 786.
(2) C. d'Etat, 27 décembre 1860. D. P. 61. 3. 9. — C. de Poitiers, 30 mai 1884. D. P. 84. 2. 185.

tout le temps que le terrain demeurera à l'état de sépulture de famille. Mais dès que ce caractère lui sera enlevé, il redeviendra objet de commerce. Il est hors de doute en effet qu'un lieu dans lequel il y a eu autrefois des inhumations peut être affecté par le nouveau propriétaire à une nouvelle destination, sauf, bien entendu, l'observation des mesures de police sanitaire (1).

237. — En permettant la sépulture sur la propriété privée, le législateur n'a point entendu laisser au caprice de chacun la liberté pleine et entière de l'inhumation. On pourrait peut-être le croire si l'on s'en tenait à la lettre de l'article 14 du décret de prairial ; mais il faut en atténuer les termes par ceux de l'article 16 déjà connu de nous, qui s'exprime ainsi : « Les lieux de sépulture, soit qu'ils appartiennent aux communes, soit qu'ils appartiennent aux particuliers, seront soumis à l'autorité, police et surveillance des administrations municipales ». La jurisprudence en a conclu, avec raison selon nous, que l'inhumation sur la propriété privée est subordonnée à l'autorisation préalable de l'autorité municipale, sauf recours à l'autorité supérieure.

La question a fait difficulté cependant. Certains auteurs, se fondant sur les termes généraux de l'article 14, ont décidé que le droit conféré par cet article est un droit absolu. D'après eux, subordonner l'inhumation à l'autorisation préalable du maire, c'est modifier complètement l'article 14, qui n'ajoute aucune condition à la faculté qu'il accorde, c'est atteindre le respect dû aux droits de la propriété privée qui ne peuvent être entravés dans leur manifestation que si on en fait un

(1) Merlin, Répertoire, vᵒ Sépulture, nᵒ 8. — C. de Montpellier, 18 mai 1858. Contizon. D. P. 59. 2. 181.

usage contraire à l'ordre public, prohibé par les lois ou les règlements (art. 542 C. civ.). Enfin, disent-ils, un droit dont on ne peut user qu'avec la permission de l'autorité n'est plus un droit ; la loi tout au moins aurait dû formellement s'expliquer à ce sujet et dire, par exemple : « L'administration *pourra*, sur la demande des particuliers, autoriser l'inhumation dans une propriété privée (1) ».

Une telle doctrine, si elle peut, en théorie, trouver des défenseurs, ne saurait être soutenue en présence des difficultés de la pratique. Comment la loi qui règle avec tant de précision les mesures à prendre lors de la translation ou de la création d'un cimetière public, aurait-elle laissé liberté complète aux particuliers lorsqu'il s'agit d'inhumation sur la propriété privée ? Comment n'aurait-elle donné à l'administration aucun pouvoir effectif ? N'était-il pas plus sage de soumettre ces lieux de sépulture non seulement à sa surveillance, mais aussi à son autorité, et de comprendre dans ce sens les larges attributions de police générale qui lui sont départies dans cette question des sépultures, aussi bien privées que publiques ? (Décret de prairial an XII, art. 16.) C'est ce que la jurisprudence a décidé à plusieurs reprises, dans des arrêts qui ne laissent aucune équivoque (2).

Ainsi donc, avant de procéder à toute inhumation sur la

---

(1) Vuillefroy, Principes d'administration, p. 63. — Foucart, Droit administratif, t. III, n° 1688. — De Champagny, Police municipale, t. II, p. 584. — Ballot, Du droit d'inhumation sur une propriété privée. Revue pratique, t. V, p. 136.

(2) Cassat., 14 avril 1838. Sirey, 38, 1. 449, et D. A. v° Culte, n° 827. — 11 juillet 1856. Sirey. 56. 1. 842 et D. P. 63. 5. 344. — 10 octobre, 1856. D. P. 56. 1. 431. — C. d'État, 27 décembre 1860. D. P. 61. 3. 9. — C. de Poitiers, 30 mai 1884. D. P. 84. 2. 185, et note § 2 sur cet arrêt. — Blanche, Études pratiques sur le Code pénal, t. V, p. 376, n° 337. — Chauveau et Faustin-Hélie' Théorie du Code pénal, 5° édit. t. IV, n° 1765, p. 477.

propriété privée, on devra en référer à l'administration et n'agir que sous sa direction. Le maire, sauf recours au préfet, réglementera les conditions de l'inhumation ou l'interdira s'il y a lieu; de cette manière il pourra empêcher les sépultures irrégulières en s'y opposant dès le principe, au lieu de n'avoir que la faculté de faire procéder à l'exhumation une fois la sépulture accomplie.

238. — Conformément aux principes connus de nous, si l'autorisation nécessaire du maire n'a pas été demandée et obtenue et que l'on effectue néanmoins l'inhumation, il y a infraction tombant sous l'application de l'article 471, § 15, du Code pénal. En réalité, pour inhumer dans la propriété privée, deux autorisations, au lieu d'une, doivent donc être sollicitées :

1° Celle dont nous venons de parler, spéciale à cet objet ;

2° Le permis d'inhumer nécessaire pour toute sépulture et dont l'absence est punie par les dispositions de l'article 358 du Code pénal.

Cette sanction de l'art. 471, § 15, C. P. s'applique à tout refus, même verbal, d'autorisation d'inhumer en propriété privée; à plus forte raison s'applique-t-elle aux règlements municipaux par lesquels le maire a le droit de restreindre ou de prohiber dans une commune ce genre d'inhumations. Nous avons vu ailleurs qu'à cette sanction pénale, le tribunal de police peut, suivant nous, ajouter celle de l'exhumation à titre de réparation civile (1).

239. — Le maire peut donc interdire toute sépulture en dehors du cimetière. Nous voulons dire par là qu'il pourra prendre un règlement général contenant défense de pratiquer

______

(1) V. suprà, n° 228.

des inhumations ailleurs que dans le cimetière public ; mais ce règlement général ne le liera point pour l'avenir et ne saurait être la base obligatoire de ses décisions particulières. Tout au contraire, le maire ne pourrait point renoncer ainsi d'avance à l'examen des circonstances qui varieront suivant les diverses demandes d'autorisation.

Qu'arriverait-il au cas où une inhumation aurait été faite sur un terrain privé, alors qu'il n'existe aucune défense générale de la part du maire au sujet de ce mode de sépulture, et que le permis d'inhumer a été délivré purement et simplement, sans mention du lieu où doit se faire l'inhumation ? Aucun texte formel ne prescrivant de demander l'autorisation préalable pour pratiquer l'inhumation, il serait difficile de la considérer comme irrégulière, car en matière criminelle il faut s'appuyer sur un texte pour dresser contravention. Ce cas se présentera bien rarement : habituellement, en effet, l'autorisation préalable sera toujours demandée.

240. — Nous avons fait remarquer plus haut que souvent ce sera une sépulture de famille qui s'établira de la sorte. La question se pose de savoir si, au décès de chacun des membres, une autorisation d'inhumer sera nécessaire, ou si le maire ne pourrait pas à l'origine donner une autorisation générale suffisante. En faveur de cette dernière opinion, on pourrait dire que l'arrêté que prendrait le maire n'engagerait pas définitivement l'avenir, et que cet officier public serait encore libre de le rapporter si les circonstances venaient à l'exiger. Le conseil d'Etat toutefois a jugé autrement (1). Il a pensé qu'aux différentes époques où les inhumations auraient lieu, les choses ne se trouveraient peut-être plus dans les

____

(1) C. d'Etat, 27 décembre 1860. D. P. 61. 3. 9.

conditions où elles étaient lors de l'autorisation, et que des obstacles pourraient alors se présenter qui n'existaient pas antérieurement. De ce que les lieux de sépulture sont soumis à l'autorité, police et surveillance de l'administration, il a conclu justement que celle-ci n'était obligée de donner l'autorisation d'inhumer qu'en connaissance de cause, au jour où l'inhumation doit avoir lieu.

En vertu des mêmes principes, le maire ne pourrait point, par voie d'autorisation générale, permettre d'inhumer dans une propriété tous les propriétaires ou possesseurs indivis du terrain ; ce serait favoriser implicitement la création de véritables cimetières en dehors de celui de la commune.

241. — Cette règle trouve encore son application à propos des congrégations religieuses autorisées. Le conseil d'Etat avait d'abord admis qu'elles pouvaient ouvrir un cimetière particulier moyennant l'autorisation du gouvernement (1). Abandonnant ensuite sa première jurisprudence, il a décidé que ces cimetières spéciaux étaient contraires au décret du 23 prairial an XII, et l'administration a adopté cette interprétation (2). Une congrégation ne pourrait donc pas se fonder sur l'article 14 pour obtenir l'établissement d'un cimetière privé sur un terrain lui appartenant. Une décision ministérielle du 1ᵉʳ octobre 1851 porte cependant que la congrégation peut, au fur et à mesure des décès, recevoir du maire l'autorisation d'inhumer dans un même terrain réservé présentant les conditions légales ordinaires (3).

(1) C. d'Etat, avis du 4 juillet 1832. — Vuillefroy, Principes d'administr., p. 64.

(2) Bulletin du Ministère de l'Intérieur, 1860, p. 431, et 1864, p. 319. — C. d'Etat, 28 juin 1882. Revue générale d'administr., 1882, t. II, p. 461.

(3) Journal de Droit administratif, t. V, p. 126 ; t. IX, p. 603.

242. — L'autorisation de procéder à une inhumation sur une propriété privée est donnée par le maire, en vertu de son pouvoir discrétionnaire de police. Il en appréciera souverainement l'opportunité : sa décision ne sera attaquable que si elle est entachée d'excès de pouvoir, par exemple si son refus d'autorisation se fondait sur des motifs étrangers à la question d'intérêt général qui est en jeu (1). Observons encore ici que la voie gracieuse reste toujours ouverte au réclamant.

ARTICLE II.

Des sépultures dans les édifices consacrés au culte et les hôpitaux.

243. Principe posé par l'article 1ᵉʳ du décret de prairial.
244. Exceptions à ce principe. En faveur de quelles personnes et par qui octroyées ?
245. Il ne s'applique qu'aux inhumations de date récente.
246. Cas d'un legs fait à un établissement hospitalier sous la condition d'inhumation dans la chapelle de cet établissement. Question d'interprétation de volonté.
247. Inscriptions et signes commémoratifs.
248. Cimetières des hospices.

243. — L'art. 1ᵉʳ du décret du 23 prairial de l'an XII décide qu'« aucune inhumation n'aura lieu dans les églises, temples, synagogues, hôpitaux, chapelles publiques, et généralement dans aucun des édifices clos et fermés où les citoyens se réunissent pour l'exercice du culte ».

Cette disposition reproduit et accentue la tenue de la déclaration du 10 mars 1776, portant qu'« aucune personne ecclésiastique ou laïque, de quelque qualité, état et dignité qu'elle puisse être », ne sera enterrée dans les églises, « sous

(1) Dufour, Droit administratif, t. I, p. 628.

quelque cause que ce soit ». La déclaration dont nous parlons faisait toutefois exception en faveur « des archevêques,
vêques, curés, patrons des églises, hauts justiciers ou
rondateurs de chapelles»: exception plus stricte, à vrai dire,
que celle contenue dans l'arrêt du parlement de Paris du
21 mai 1765, qui autorisait l'inhumation dans les églises, à
la condition de verser deux mille livres à la fabrique.

244.— Aucune exception de ce genre ne se trouve consignée dans le décret de prairial. La pratique administrative
néanmoins admet que la règle formulée par lui n'est pas in-
flexible. On pourra donc, dans certaines circonstances, procéder à l'inhumation dans une église. En fait, l'administration
sera juge de l'opportunité de l'autorisation et des conditions
à déterminer. Une circulaire du 12 avril 1819 consacre cette
tolérance, qui sera octroyée, dit-elle, « par le Roi, sur le
rapport du ministre des cultes » (1). Mentionnons que les
archevêques et évêques sont habituellement enterrés dans
leur cathédrale ou l'église qu'ils désignent, en vertu d'une
autorisation donnée par le chef de l'Etat après leur décès. Il
en sera de même parfois des curés et de quelques person-
nages éminents. C'est ainsi que, sous la Restauration, les cendres de Pothier furent transférées dans l'église Sainte-Croix
d'Orléans (2). Rappelons en outre les affectations spéciales de
la basilique de Saint-Denys, de la chapelle de Dreux, de l'é-
glise de l'Hôtel des Invalides, du Panthéon (3).

(1) C. d'État, 8 août 1873. D. P. 74. 3. 44.
(2) Le ministre des cultes faisait connaître au conseil d'Etat, le 8 août 1873,
qu'on a retrouvé dans les archives de son administration 98 décisions de ce
genre, datant de tous les régimes, relevé qui est évidemment incomplet. (D.
P. 74. 3. 44.)
(3) Nous n'avons pas à dire à la suite de quelles circonstances récentes,
cet édifice, jusqu'alors consacré au culte, a été dépouillé de son caractère
religieux par le décret du 26 mai 1885.

245. — On s'est posé la question de savoir si, afin de se conformer strictement aux prescriptions du décret de prairial, les restes des personnes mortes depuis longtemps et inhumées dans les églises devraient en être retirés pour être transportés dans les cimetières. Il a été décidé que l'intérêt de la salubrité publique n'étant plus en jeu, cette mesure était inutile, et que la translation n'aurait lieu que sur la demande des familles. Au cas où elle serait reconnue nécessaire, l'administration aurait naturellement le droit d'y faire procéder (1).

246. — Il peut arriver qu'un testateur ait fait de son inhumation dans la chapelle d'un hôpital, la condition d'un legs en faveur de cet établissement (2). La nature de cette condition devra être soigneusement examinée. Résulte-t-il des termes mêmes du testament que cette clause est formelle, rigoureuse, que le sort de la libéralité y est absolument subordonné : le legs est caduc par application de l'art. 1er du décret de prairial. Mais si la condition n'exprime en réalité qu'un simple vœu, si les termes dans lesquels elle est énoncée n'ont pour but que de stimuler le zèle de l'établissement légataire à solliciter plus activement du gouvernement l'autorisation d'inhumer, on appliquera l'art. 900 du Code civil, qui dit que « dans toute disposition testamentaire ou entre-vifs les conditions contraires à la loi doivent être réputées non écrites », et l'inefficacité de la libéralité ne sera point déclarée. Toute la question se résumera donc dans l'exacte appréciation de la clause du testament par les tribunaux, juges

(1) Avis du conseil d'État, 31 mars 1811. D. A. v° Culte, n° 764.

(2) Trib. de Castel-Sarrasin, 7 mai 1869. Fieuzac c. hospice de Moissac. D. P. 70. 3. 26.

souverains sur ce point de fait qui échappe au contrôle de la Cour de cassation (1).

247. — Quant aux inscriptions funéraires, cénotaphes et autres signes commémoratifs à placer dans les églises, ils ne seront établis que sur la proposition de l'évêque diocésain et la permission du ministre (2).

Ceux à placer dans les hôpitaux le seront sur l'autorisation du maire, qui prendra l'avis des administrateurs. Il ne faudrait pas en déduire pour lui le droit d'autoriser les inhumations dans l'intérieur de ces établissements, car ce serait détourner de son vrai sens l'article 13 du décret de prairial que nous rapportons : « Les maires pourront également, sur l'avis des administrateurs des hôpitaux, permettre que l'on construise dans l'enceinte de ces hôpitaux les monuments pour les fondateurs et bienfaiteurs, lorsqu'ils en auront exposé le désir dans leurs actes de donation, de fondation ou de dernière volonté ».

248. — Ce que nous venons de dire au sujet de l'interdiction de procéder aux inhumations dans l'intérieur d'un hospice, ne doit point s'entendre évidemment des cimetières attenant à ces établissements. Contrairement en effet à ce que nous avons vu précédemment pour les congrégations religieuses, les hospices peuvent être autorisés à créer des cimetières spéciaux. Point n'est besoin pour cela d'invoquer l'article 14 du décret de prairial, qui ne trouverait pas là d'ailleurs son application (3). L'autorisation émane directement du gouvernement ; le cimetière est établi aux conditions gé-

---

(1) Cassat. 7 juillet 1868. Bourlier, D. P. 68. 1. 446.
(2) Décret du 30 mars 1809, art. 72.
(3) Cf. Revue générale d'administr., 1882, t. II, p. 461.

nérales ordinaires, et des concessions peuvent y être délivrées
suivant les règles habituelles (1).

(1) Décisions du ministre de l'intérieur des 23 janvier et 24 décembre 1880,
et du 22 février 1881.

CHAPITRE VII.

DE LA VIOLATION DE SÉPULTURE.

249. Caractère accessoire du délit sous l'ancienne jurisprudence.
250. Innovation du Code pénal.

249. — L'ensemble des arrêts rendus par les parlements au sujet de la matière qui nous occupe dans le présent chapitre, n'offre rien de très fixe. D'après les documents que nous fournit la dernière époque, la violation de sépulture apparaît plutôt comme une circonstance aggravante d'autres délits, que comme un délit spécial. Ce point de vue, qui semble étrange, s'impose notamment quand on se reporte à ce qu'en dit Jousse (1), qui cependant résume ce que l'on peut considérer comme l'état définitif de l'ancienne jurisprudence.

Il constate que le « violement des sépulcres » se commet de plusieurs manières: 1° en déterrant les cadavres, ou les tirant des tombeaux pour en faire des anatomies; 2° en les dépouillant de leurs vêtements pour les voler; 3° en détruisant les tombeaux ou leurs épitaphes et ornements; 4° en empêchant qu'une personne morte ne soit enterrée; 5° en frappant, blessant ou coupant quelque membre d'un corps mort.

Si l'un de ces actes est accompli dans une église ou dans un cimetière, il y a sacrilège, ce qui entraîne la peine de mort ou les galères. On remarquera qu'alors c'est bien le sacri-

(1) Jousse, Traité de la justice criminelle, t. III, p. 666.

lège et non point un délit spécial qui est puni. Si, en dehors
du lieu consacré, le violateur a eu le vol pour mobile, il
sera atteint comme voleur, et la peine sera aggravée si le crime
a eu pour auteurs des fossoyeurs ou autres personnes char-
gées d'enterrer les morts. C'est donc encore le voleur que
l'on poursuit avant tout.

Peut-être est-il possible d'expliquer cette absence de législation spéciale aux violations de sépultures par ce fait qu'elles
constituaient en règle générale un sacrilège, toute inhumation étant effectuée en lieu saint, et que les peines du sacrilège figuraient parmi les plus sévères. Il ne faudrait pas toutefois pousser cette idée trop loin, car les décisions qui nous
sont connues montrent qu'en certains cas on se départissait
singulièrement de la sévérité que semblaient imposer la lettre
et l'esprit de la loi. Ainsi Dareau nous rapporte que des fossoyeurs ont été condamnés, « les uns au blâme, d'autres au
bannissement, d'autres enfin aux galères. pour violement de
sépulcres » (1). Le 10 septembre 1752, un fossoyeur à Paris
est condamné au carcan avec ces mots: *voleur de suaire*, à
la flétrissure et aux galères pour trois ans, parce qu'il avait
dépouillé des cadavres de leurs suaires, tandis que le 12 juillet 1683 un autre avait été simplement admonesté et condamné
à l'aumône. Il est vrai que ce dernier avait déterré le cadavre pour le vendre à un chirurgien, et que l'indulgence des
juges semblait se manifester particulièrement quand l'intérêt
de la science était invoqué comme une circonstance atté-
nuante du crime. On trouve enfin, dans tous les recueils du
temps, un arrêt curieux rendu contre des religieux qui
avaient exhumé les corps des seigneurs de Créqui pour s'ap-

(1) Dareau, Traité des injures, chap. 1, sect. 3 *in fine*, t. I, p. 211.

proprier les plombs où ils étaient enfermés, et furent condamnés à des peines diverses (1).

250. — Le Code pénal fit pour la première fois de la violation de sépulture un délit spécial. Le Conseil des Cinq-Cents avait élaboré sur la matière un projet qui n'aboutit pas. Cette innovation s'imposait, la législation sur le sacrilège ayant été abolie pendant la période révolutionnaire. L'article 360 s'exprime ainsi : « Sera puni d'un emprisonnement de trois mois à un an et de 16 à 200 francs d'amende quiconque se sera rendu coupable de violation de tombeaux et de sépultures, sans préjudice des peines contre les crimes ou délits qui se seraient joints à celui-ci ». C'est autour de ce texte que s'est formée une doctrine dont nous devons examiner les points principaux. Nous en louerons le plus grand nombre, nous hasardant à en critiquer quelques-uns.

ARTICLE I.

Etendue de la répression.

251. Interprétation extensive des termes « tombeaux » et « sépultures » de l'article 360 C. pén.
252. Concours de plusieurs crimes ou délits.
253. Réparation civile.

251. — Qu'entendre par ces mots « tombeaux et sépultures » ? La loi, en accolant ces deux expressions qui semblent au premier abord constituer un pléonasme, a bien manifesté son intention de donner à la répression du délit l'application la plus large, et d'étendre le plus possible le cercle de l'article 360.

(1) Cf. notamment Denisart, v° Sépulture.

On en a conclu, avec raison suivant nous, qu'il y a délit non seulement quand l'outrage s'adresse au défunt sur lequel la tombe s'est refermée, mais encore quand il s'attaque au cercueil, soit pendant, soit même avant la cérémonie de l'inhumation. On pourrait peut-être même dire que c'est à ces faits que l'article 360 a fait allusion en ajoutant le mot de « sépultures ». C'est ainsi que la cour de Bordeaux (1), ayant condamné un individu coupable d'avoir lancé des pierres sur un cercueil au moment où il était descendu dans la fosse, MM. Chauveau et Faustin-Hélie approuvent cette décision et ajoutent : « Il nous est impossible d'adopter un autre avis. L'article 360 ne parle, à la vérité, que de la violation des tombeaux ou sépultures ; mais ces mots doivent s'appliquer aux restes de l'homme dès qu'ils ont été enfermés dans le cercueil. C'est à ce moment que l'inhumation commence, que le corps reçoit sa consécration. Il est préparé pour la sépulture, il doit participer à la protection qui la défend des outrages (2) ». La cour de Rennes n'a pas jugé différemment en punissant un individu qui avait outragé les restes du défunt pendant les funérailles (3).

On a même été beaucoup plus loin, et nous ne saurions critiquer cette opinion dans laquelle l'extension est poussée à un point extrême : la pensée du législateur paraît tellement certaine qu'il est permis, semble-t-il, de forcer le sens naturel des mots. Il a été décidé que l'article 360 devrait s'appliquer même au cas où l'outrage aurait été commis avant qu'on n'enfermât le cadavre dans le cercueil. Il s'agissait, dans l'espèce, d'une personne qui, préposée la nuit à la garde d'un

---

(1) C. de Bordeaux, 9 décembre 1830. Escurignan. Sirey. 31. 2. 263.
(2) Chauveau et Faustin-Hélie, Théorie du Code pénal, n° 1772, t. IV, p. 483.
(3) C. de Rennes, 18 janvier 1878. Ménard. D. P. 79. 2. 18.

corps, avait commis divers actes de profanation. « La loi, suivant cette décision, en punissant les violations de tombeaux ou sépultures, a voulu protéger et faire respecter les restes des morts..... et il y a lieu de considérer comme une sépulture le lit qui renferme une dépouille mortelle, alors surtout que le corps est enseveli dans les linges qui doivent à tout jamais le couvrir, et que le christ placé en évidence sur la poitrine du défunt et la lumière des flambeaux indiquent un commencement de cérémonie funèbre, et commandent le respect de la mort » (1).

252. — Lorsqu'au délit de violation de sépulture se sera joint un autre crime ou délit, tel que le vol, l'injure ou l'outrage à la morale, les deux peines devront-elles se cumuler ou être appliquées distinctement? La rédaction des derniers termes de l'article 360 permet d'hésiter sur ce point, et de se demander s'il faut y voir une exception à la règle admise en droit pénal qui veut qu'au cas de concours de plusieurs délits ou crimes, la peine la plus forte soit seule prononcée. Cette règle est connue sous le nom de principe du non-cumul, et contenue dans l'article 365 du Code d'instr. crim. Les principaux criminalistes estiment que la disposition de l'article 360 n'est pas assez précise pour qu'on puisse déroger au principe. Elle ne fait, croient-ils, que répéter la teneur des dispositions analogues des deux articles précédents, et doit avoir sans doute la même valeur et le même sens. La forme cependant diffère un peu : car, tandis que l'article 359, pour le cas où le cadavre d'une personne homicidée aurait été recélé ou caché, établit que les peines qu'il prononce seront appliquées « sans préjudice des peines plus graves », s'il y a lieu, l'article 360

(1) C. de Paris 8 juillet 1875. Lenne. D. P. 76. 2. 113.

déclare que la peine édictée par lui sera prononcée, « sans préjudice des peines contre les crimes ou délits qui seraient joints à celui-ci ». On peut soutenir que cette rédaction révèle bien une certaine accentuation de la part du législateur ; elle ne nous paraît cependant pas assez formelle pour qu'on puisse reconnaître là une dérogation au principe du non-cumul, telle que, par exemple, celle clairement manifestée dans l'article 245 du Code pénal. Il faut donc se borner à conclure que la loi n'a voulu énoncer « qu'une réserve pour la poursuite d'un délit plus grave » (1).

253. — En outre de la sanction pénale, la violation de sépulture peut donner lieu à une action civile et aboutir à une condamnation de dommages-intérêts prononcée contre le coupable. Il va sans dire que la connaissance de cette action appartient aux tribunaux judiciaires suivant les règles du droit commun. Elle peut donc être formée accessoirement à l'action publique ou par voie principale devant les tribunaux civils (2).

ARTICLE II

Matière du délit.

254. Division.

254. — Quant aux actes qu'il faut considérer comme constituant une violation de sépulture, nous allons grouper sous deux chefs ceux qu'admet la jurisprudence. Les uns en effet impliquent, de la part de l'auteur, l'intention d'outrager le mort ; les autres sont exclusifs de cette intention.

(1) Chauveau et Faustin-Hélie, Code pénal, t. IV, p. 485. — Blanche, Etudes pratiques sur le Code pénal, t. V, p. 384, n° 350. — Le Sellyer, Traité de la criminalité, de la pénalité et de la responsabilité, n° 287, t. I, 2e édit., p. 406.

(2) C. de Poitiers, 11 août 1873. Boutelau c. Maurin. D. P. 74. 2. 206.

§ I. — *Intention d'outrage.*

255. Enumération non limitative des actes constituant le délit.
256. Pour qu'il existe, une voie de fait est nécessaire.

255. — Parmi les actes comportant une intention d'outrage, nous avons déjà cité le fait de jeter des pierres contre le cercueil, les imprécations lancées contre le mort sur le bord de la tombe, le fait de briser un christ placé sur sa poitrine. Ajoutons-y *à fortiori* l'action d'ouvrir la tombe, soit pour disperser les restes, ou les outrager, soit pour commettre un vol. Il faut mentionner encore le cas où celui qui déterre le cadavre agit en vue de le vendre.

La cour de Rennes a condamné un individu qui, en état d'ivresse, avait versé du vin et jeté du pain sur un cercueil en proférant des blasphèmes au moment de l'inhumation (1). Il est à remarquer que dans cette affaire la Cour refusa d'appliquer l'article 262 du Code pénal, bien que, suivant le ministère public, il y eût outrage par paroles et par gestes envers les objets d'un culte dans un lieu destiné à son exercice. Cette manière de voir nous paraît conforme à la pensée et à l'expression du législateur. C'était au mort en effet que s'adressait directement l'outrage. Ajoutons qu'aujourd'hui le doute ne serait plus possible depuis la neutralité complète des cimetières. On ne pourrait plus dire de l'outrage qu'il a été commis dans un lieu destiné à l'exercice du culte.

Il faut aussi considérer comme acte outrageant, tombant sous l'article 360, le fait de l'individu qui a arraché volontairement et dans une intention malveillante une croix ou des

(1) C. de Rennes, 16 janvier 1878. D. P. 79. 2. 18.

fleurs plantées sur une tombe (1). Peu importe, du reste, que l'outrage vise le défunt ou ses héritiers : il suffit qu'il existe et s'exerce sur la sépulture.

Un arrêt de la Cour de cassation a confirmé la condamnation qui atteignait une personne coupable d'avoir frappé la tombe avec un bâton en se servant d'interpellations injurieuses pour la mémoire de ceux qui y étaient déposés (2).

256. — Mais il ne faudrait pas aller plus loin, semble-t-il ; et on ne saurait voir une violation de sépulture dans des paroles outrageantes que n'accompagneraient pas des voies de fait. La loi, disent certains auteurs, ne punit l'outrage qu'autant qu'il se manifeste par des gestes ou des actions ; l'article 360 ne serait donc pas applicable à de simples paroles, même prononcées dans un cimetière. Cette formule nous paraît manquer de précision : on devrait en effet commencer par dire ce qu'il faut entendre par gestes. Quand seront-ils assez graves pour que, joints à la parole, ils constituent un délit ? Aussi préférons-nous exiger une voie de fait exercée sur le lieu de la sépulture, si légère que soit cette voie de fait. Ainsi, tout en reconnaissant que l'action de montrer le poing à une tombe est blâmable à tous égards, nous ne pourrions admettre qu'elle soit passible de l'application de l'article 360 (3).

(1) C. de Caen, 25 novembre 1868. Clain. D. P. 71. 2. 150.
(2) Cassat. 22 août 1839. Hermonnet. Sirey. 39. 1. 928.
(3) Chauveau et Faustin-Hélie, n° 1599. — Morin, Dictionnaire de Droit criminel, v° Sépulture.

§ II. — *Absence d'intention outrageante.*

257. La pensée injurieuse est nécessaire pour caractériser le délit. Opinio contraire de la Cour de cassation.
258. Application de ce principe.

257. — Nous venons de faire l'examen du cas où l'acte incriminé est accompagné d'une pensée outrageante pour la mémoire du mort ou pour son héritier ou pour quelqu'un de ses proches. Cette condition est-elle essentielle ?

La Cour de cassation a répondu négativement (1) ; et rien ne peut mieux faire comprendre les critiques que nous adressons au principe proclamé par elle que les circonstances qui caractérisaient l'affaire. Il s'agissait d'un bandit corse tué dans une rencontre avec la force publique et qui avait été enterré sur place. Ses proches et ses amis exhumèrent son cadavre, lui firent rendre les honneurs religieux et le déposèrent dans le cimetière commun : on releva contre eux le délit de violation de sépulture. La loi, dit la Cour suprême, ne distingue pas : elle n'admet pour excuse ni l'intention ni le but qui auraient fait agir les auteurs d'une exhumation non autorisée. Il résulte de l'article 360 que quiconque procède à l'ouverture d'un tombeau et à l'exhumation du corps qu'il contient, sans y avoir été autorisé par l'autorité locale, conformément à l'article 17 du décret du 23 prairial an XII, commet le délit de violation de tombeau ou de sépulture.

Nous répondrons que l'article 360 ne parle point de l'exhumation sans autorisation, mais qu'il frappe uniquement le

(1) Cassat. 10 avril 1845. Graziani. D. P. 45. 1. 252.

délit de violation de sépulture. Or les antécédents de l'article, les travaux préparatoires montrent que le seul but du législateur a été d'assurer le respect dû aux morts, et de réprimer les outrages adressés à leurs dépouilles. On a fait observer que l'article 360 atteindrait bien celui qui, sans pensée de vengeance ou de lucre, mais pour faire des études anatomiques, ouvrirait une tombe. Nous ne le contestons pas ; mais il ne s'agit pas en ce cas d'une simple exhumation sans autorisation ayant pour but de déplacer le cadavre dans une intention pieuse, ou de lui faire rendre les honneurs funèbres. Autre chose est la violation de sépulture qui constitue le délit de l'article 360 et implique une conduite irrespectueuse à l'égard du défunt, autre chose est l'exhumation sans autorisation, qui n'est qu'une infraction à des règlements de police édictés avant tout dans un but d'hygiène et d'ordre public, et fournissant uniquement la matière d'une simple contravention punie de peines que nous avons examinées (1).

Le système que nous critiquons tendrait donc à établir une confusion regrettable entre ces deux ordres d'idées. C'est ce qui est résulté d'ailleurs d'un arrêt qui a décidé qu'un maire procédant irrégulièrement à une exhumation peut être considéré comme ayant commis un délit. Le maire, dans l'espèce, avait, après l'expiration du délai de cinq ans, fait ouvrir une tombe sans prendre au préalable un arrêté spécial notifié aux intéressés. Ayant rencontré dans cette tombe des cercueils de plomb, il avait ordonné de les découvrir et fait verser leur contenu au fond de la fosse, sans égards aucuns pour les dépouilles mortelles. Poursuivi à raison de ces actes, il fut condamné. La Cour de cassation confirma cette déci-

(1) V. suprà, n° 227.

sion par un arrêt ainsi motivé: « L'article 6 du décret du 23 prairial an XII n'autorise ni explicitement ni implicitement l'exhumation de plein droit comme conséquence de la faculté d'ouvrir d'anciennes fosses pour de nouvelles sépultures. Si, pour des causes légales, l'autorité municipale croit devoir déroger à l'inviolabilité des sépultures, elle ne le peut que par un arrêté spécial pris en vertu des articles 16 et 17 du décret du 23 prairial an XII, et 11, § 1, de la loi du 18 juillet 1837, arrêté qui doit être notifié administrativement à la personne connue pour y avoir intérêt. On ne saurait reconnaître à l'autorité municipale le pouvoir, exercé arbitrairement et sans contrôle après cinq ans, de fouiller toutes les sépultures, d'enlever les cercueils et les autres objets conservés: ce serait là une grave atteinte à la morale publique, aux intérêts, aux sentiments les plus respectables des familles » (1).

Nous ne critiquons point la solution de cet arrêt, mais nous faisons observer que son objet doit être considéré sous un double aspect qui semble avoir été confondu. Deux faits sont visés en effet dans l'espèce. Il y a d'une part celui d'avoir agi en dehors des formes légales requises ; or ce n'est évidemment là qu'une contravention aux lois sur les inhumations et exhumations. Il y a, d'autre part, le caractère particulièrement injurieux donné à l'exhumation ; et voilà la matière du délit. Si l'exhumation est pratiquée dans des conditions telles qu'il faille y voir une sorte d'outrage au défunt, si les mesures de décence sont à ce point négligées qu'il en résulte une injure au cadavre, le maire, tout aussi bien qu'une autre personne, est passible de l'application de l'article 360.

258. — La question de violation de sépulture s'est présen-

(1) Cassat. 3 octobre 1862. Chapuy. D. P. 62. 1. 447 ; et, après renvoi : C. d'Angers, 18 novembre 1862. D. P. 63. 2. 31.

tée devant la cour de Nîmes dans des circonstances toutes spéciales, que nous relevons, l'arrêt intervenu à cette occasion confirmant ce que nous venons de dire précédemment. Un individu, ayant perdu sa femme et désireux de garder auprès de lui quelque chose de celle-ci, fut autorisé par le maire à ouvrir sa tombe et à prendre son crâne. Il n'y avait évidemment rien que de correct dans cette manière d'agir : on n'eût pu que blâmer le maire d'avoir donné son autorisation dans le cas particulier. Plus tard, cet individu s'étant remarié, sa seconde femme, peu soucieuse de conserver la lugubre relique, le déclara à son mari, qui rapporta clandestinement la tête au cimetière, et la déposa à la surface du sol. Il fut poursuivi pour violation de sépulture ; mais la Cour l'acquitta en disant que « si la restitution d'une partie des os de la femme avait été faite d'une manière qui ne saurait être approuvée, on ne pouvait cependant voir dans la conduite du prévenu rien qui ressemble à une profanation ou violation de tombeau ou sépulture, quelque extension qu'on donne d'ailleurs au texte de la loi invoquée (1) ».

Cette décision avait un double mérite : d'une part, elle était exacte au fond, l'acte reproché au prévenu ne tombant sous le coup d'aucune disposition pénale, quelque regrettable qu'il fût ; d'autre part, le motif visé par l'arrêt nous paraît le seul conforme à l'esprit de l'article 360, tel que nous l'avons exposé.

A plus forte raison ne déclarerions-nous pas soumis aux peines prononcées par cet article un fossoyeur qui n'aurait pas donné aux fosses les dimensions prescrites par l'article 4 du décret du 23 prairial an XII (2). Il y aurait lieu tout au

(1) C. de Nîmes, 6 juillet 1878. Sabde. D. P. 79. 2. 247.
(2) Cassat. 21 décembre 1827. Sirey. Collect. nouv. 8, 727.

plus à appliquer l'art. 471, § 15, du Code pénal pour infraction aux règlements de l'autorité administrative.

Ce qu'il importe donc de mettre en lumière, c'est que la pensée outrageante est nécessaire pour constituer le délit.

APPENDICE

DE LA CRÉMATION.

259. — Bien que les pages précédentes n'aient uniquement trait qu'à la sépulture par inhumation proprement dite, il convient cependant de dire quelques mots rapides sur un sujet plein d'actualité : nous voulons parler de la crémation, qui compte aujourd'hui en Europe de nombreux partisans (1). Ce fut sous le Directoire que la pensée de brûler les morts apparut pour la première fois. Un projet de loi dans ce sens fut soumis le 21 brumaire an V au Conseil des Cinq-Cents ; mais il n'aboutit pas. A vrai dire, sur cette question les préoccupations hygiéniques tenaient moins de place que le souci de reproduire les scènes de l'antiquité, ainsi qu'il est facile de s'en convaincre en lisant le curieux rapport présenté, deux ans plus tard, par le citoyen Cambry à l'Administration centrale du département de la Seine. Un projet d'arrêté fut adopté par celle-ci le 14 floréal an VII. A la date du 5 ventôse an VIII, le ministre de l'intérieur chargea l'Institut, au nom du gouvernement, d'ouvrir un concours sur le sujet

---

(1) Pietra-Santa et de Nansouty : *La crémation, sa raison d'être, son historique, les appareils actuellement mis en usage pour la réaliser.* **Paris, 1881.**

suivant : « Quelles sont les cérémonies à faire pour les funérailles, et le règlement à adopter pour la sépulture ? » Deux mémoires sur l'incinération furent couronnés dans la séance du 14 vendémiaire an IX. Au 18 Brumaire, les tentatives d'innovation sur ce point disparurent ; mais l'idée, une fois émise, fit son chemin.

Elle fut particulièrement discutée par l'Académie des sciences de Berlin le 29 novembre 1849. Depuis lors, pour la soutenir, des sociétés se sont formées, et quelques essais d'application ont été tentés (1). On sait enfin qu'à la suite de nombreuses et vives délibérations le conseil municipal de Paris a voté, naguère, l'érection d'un temple crématoire. Sans rechercher les motifs de cette décision, il importe de généraliser la question et d'en discuter brièvement le côté légal.

260. — Un point d'abord qui paraît hors de toute contestation, est que la crémation ne doit être possible que le jour où une loi l'aura autorisée. On dit vainement que tout ce qui n'est pas défendu est permis, et qu'aucune loi ne prohibe la pratique de l'incinération. C'est en se fondant sur cet argument que la Société pour la propagation de la crémation, dans sa récente assemblée générale tenue le 17 janvier 1886, a décidé « qu'elle renonçait pour l'instant à solliciter du Parlement une loi sur la crémation facultative ». Sans doute, tout ce qui n'est pas défendu est permis ; mais d'autre part il n'est pas nécessaire, pour qu'une chose soit interdite, qu'on doive exhiber le texte qui la défend ; à côté des prohibitions émanées de la loi, il y a celles qui résultent des mœurs et des

(1) A Dresde, le 10 octobre 1875, et, trois mois plus tard, à Milan, où le baron Keller laissa à la ville un legs important pour la construction d'un monument funéraire destiné à la crémation, sous la seule condition que son corps y serait l'objet de la première expérience.

traditions nationales. Or nous avons maintes fois observé, au cours de cette étude, que son objet est réglé presque uniquement par ce que les arrêts de la Cour de cassation appellent « les mœurs et les convenances ». Si donc la coutume a quelque force (et elle n'a été abrogée qu'en ce qui concerne seulement les matières réglementées par les Codes), elle tranche sur ce point très nettement la question. On a fait aussi remarquer avec raison que le décret du 23 prairial an XII, les articles 77 et suivants du Code civil et l'article 358 du Code pénal admettent implicitement un mode unique de sépulture, l'inhumation. Pour ces raisons la lettre du ministre de l'intérieur au préfet de la Seine en 1881 (1) nous paraît être l'expression du droit actuel, quand elle déclare « qu'une loi nouvelle serait nécessaire pour modifier les dispositions législatives en vigueur et permettre la mise en pratique de la crémation, même à titre d'essai (2) ».

Ces principes qui nous paraissent incontestables ont trouvé tout récemment échec devant la Chambre des Députés. Celle-ci, lors de la 2ᵉ délibération sur le projet de loi relatif à la

---

(1) Lettre à propos d'une délibération du conseil municipal de Paris du 7 août 1879 décidant l'ouverture d'un concours sur « le meilleur mode de crémation ».

(2) En *Belgique*, le ministre de l'intérieur, consulté sur la question de savoir si les conseils communaux peuvent faire des règlements de police permettant et organisant la crémation facultative, a fait connaître aux gouverneurs de provinces que la législation actuelle ne l'autorise point. « Le décret du 23 prairial ne prévoit que l'inhumation, et l'incinération n'est réglementée par aucun texte en vigueur..... » (Revue générale d'administration, 1882, t. II, p. 356.)

En *Angleterre*, la crémation est tolérée en fait, mais le gouvernement s'oppose à ce que la loi l'autorise en la réglementant. Une proposition dans ce sens du Dʳ Cameron a été rejetée en seconde lecture à la Chambre des Communes, le 30 avril 1884. (Rev. gén. d'administ. 1884, t. II, p. 217.)

A *Hambourg*, la Bourgeoisie (Chambre élective), sur la proposition du Dʳ Gischen, a conclu à l'adoption de la crémation facultative et prié le Sénat de ratifier cette décision. (Rev. gén. d'adm. 1884, t. II, p. 215.)

« liberté des funérailles », a adopté, contrairement du reste à l'avis de la commission, un amendement présenté par M. Blatin, tendant à trancher accessoirement cette question de la légalité de l'incinération, au lieu d'en faire l'objet d'une loi spéciale (1). Nous ne savons ce qu'il adviendra de cet amendement devant le Sénat. Quoi qu'il en soit, nous n'en maintenons pas moins intégralement la théorie que nous venons d'exposer.

261. — Reste la question de législation. Faut-il admettre la crémation à titre facultatif ? Nous ne dissimulons pas que la solution est extrêmement délicate. Les arguments sur lesquels se fondent surtout les défenseurs de l'idée nouvelle sont les suivants :

1° La crémation est le moyen le plus efficace de prévenir les inhumations précipitées ;

2° Au point de vue de l'hygiène, les vastes nécropoles qui s'étendent au milieu des grands centres ou à leurs portes constituent un danger permanent qui augmente encore dans les temps d'épidémie.

3° Ces nécropoles occupent des terrains considérables qui ont une grande valeur et qui pourraient être utilisés autrement par les vivants, ne serait-ce que pour diminuer la densité des agglomérations.

Nous écartons le dernier de ces arguments. L'adoption de la crémation ne diminuera pas sensiblement l'étendue des cimetières. La réduction du volume des cendres n'entraînera pas une modification dans les dimensions du monument funéraire. Les sépultures des pauvres se trouveraient surtout

(1) *Journal officiel*, 30 mars 1886.

atteintes ; mais, à moins de rendre la crémation obligatoire et gratuite, on n'obtiendra de ce côté aucun résultat.

Quant au second argument, nous ne croyons pas qu'en temps ordinaire le système des inhumations présente de grands dangers. S'il en était ainsi, le bon sens populaire aurait certainement, après une si longue expérience, inspiré des réclamations. Généralement, les quartiers des villes voisines des cimetières se sont point réputés moins salubres que les autres : ce qui en éloigne est bien plutôt la crainte qu'inspire l'image permanente de la mort. Nous admettrions, tout au plus, qu'on se demandât si, en cas de grave épidémie, l'autorité ne pourrait pas prescrire l'incinération des personnes atteintes. Encore faudrait-il avoir des preuves positives du danger de l'inhumation, car la crémation devrait alors être déclarée obligatoire, sans exception, pour toutes les victimes du fléau (1).

En ce qui concerne le péril des inhumations précipitées, il est incontestable que le système de la crémation permet d'y échapper, et c'est là le seul argument de vraie valeur. Mais il est permis aussi de se demander s'il ne suffirait pas de modifier certaines des pratiques qui, nous l'avons vu, sont d'usage constant en matière d'autorisation d'inhumer. Ces autorisations sont en fait de simples formalités ; ne pourrait-on pas les rendre efficaces (2) ?

(1) On comprend également la triste nécessité de l'incinération des champs de bataille, telle qu'elle fut pratiquée plusieurs fois sous le premier Empire, après les désastres de la campagne de Russie, après la bataille de Paris en 1814, et, à une date plus rapprochée, après la bataille de Sédan.

(2) Dr Bourdin. *La constatation des décès, ce qu'elle est, ce qu'elle devrait être*. Paris, 1879. — Cf. Pétition adressée au Sénat par le Docteur Planchon, de l'Académie de Médecine, et M. Grawitz, ancien pasteur, proposant divers moyens d'arriver à la constatation certaine des décès, renvoyée par le Sénat au ministre de l'intérieur, et réponse de celui-ci le 24 janvier 1885. (Rev. gén. d'adm. 1885, t. III, p. 103.)

Enfin il est un argument opposé maintes fois aux partisans de la crémation, et auxquels ils ne répondent que par des faux-fuyants. Les cadavres étant réduits en cendres, la répression d'une foule de crimes deviendra impossible, puisque la trace s'en trouvera anéantie. On répond à cela que la crémation pourrait être subordonnée à une autopsie préalable. Mais, presque toujours, cette autopsie ne sera point sérieuse. Elle ne le sera que lorsque l'on aura déjà quelque soupçon du crime au moment d'y procéder. Or, qui ne sait que la découverte du crime est souvent fort lente, et que les soupçons, d'abord communiqués tout bas, n'éclatent seulement qu'au bout d'un certain temps. Le ministère public n'en aurait habituellement connaissance qu'une fois l'œuvre de la crémation consommée.

262. — Pour tous ces motifs, nous estimons donc que la question si vivement débattue est une question oiseuse, que l'agitation à laquelle elle donne lieu est toute factice. Au fond, certains y cherchent sans doute un terrain d'opposition religieuse, et trouvent dans cette pensée un stimulant à l'ardeur de la discussion.

L'Eglise, au demeurant, ne s'est jamais élevée d'une manière formelle contre la pratique de la crémation, et ne l'a condamnée par aucune loi positive. Si la préférence qu'elle a manifestée pour l'inhumation s'est perpétuée à travers les siècles, c'est qu'elle n'a point jugé que cet usage, conforme à son origine et à ses traditions, fût de nature à troubler sa sollicitude pour la sécurité des vivants et le respect des morts.

Observation. — La condamnation expresse de la crémation est désormais un fait accompli. C'est l'objet d'un tout récent décret du Saint-Office rendu en mai 1886, au cours de l'impression de cette étude.

TABLE DES MATIÈRES

CHAPITRE II.

DES FORMALITÉS ET CÉRÉMONIES QUI ACCOMPAGNENT LES FUNÉRAILLES.

CHAPITRE III.

DES FRAIS FUNÉRAIRES.

DEUXIÈME PARTIE

DES INHUMATIONS.

CHAPITRE I.

DES INHUMATIONS DANS LE CIMETIÈRE COMMUNAL.

CHAPITRE II.

DE LA PROPRIÉTÉ DES CIMETIÈRES.

CHAPITRE III.

DES CONCESSIONS.

CHAPITRE IV.

DES SERVITUDES D'UTILITÉ PUBLIQUE RÉSULTANT
DU VOISINAGE DES CIMETIÈRES.

CHAPITRE V.

DE LA POLICE DES CIMETIÈRES.

CHAPITRE VI.

DES INHUMATIONS HORS LE CIMETIÈRE COMMUNAL.

CHAPITRE VII.

DE LA VIOLATION DE SÉPULTURE.

POITIERS. — TYPOGRAPHIE OUDIN.

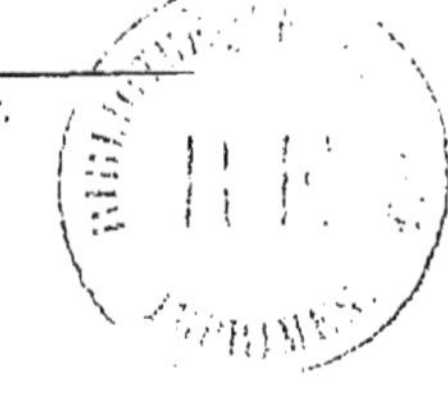